구글처럼
생각하라

구글처럼 생각하라

지은이 이승윤
펴낸이 임상진
펴낸곳 (주)넥서스

초판 1쇄 발행 2016년 7월 5일
초판 9쇄 발행 2019년 3월 13일

2판 1쇄 발행 2020년 4월 10일
2판 6쇄 발행 2024년 6월 5일

출판신고 1992년 4월 3일 제311-2002-2호
주소 10880 경기도 파주시 지목로 5
전화 (02)330-5500 팩스 (02)330-5555

ISBN 979-11-6165-961-9 03320

www.nexusbook.com

구글처럼

디지털 시대, 소비자 코드를 읽는 기술

생각하라

이승윤 지음

넥서스BIZ

언제나 저에게 무한한 사랑과 지지를 보내주시는
부모님께 이 책을 바칩니다.

왜 유나이티드 항공사는
기타로 엄청난 손해를 입었을까

: 디지털 시대의 마케팅

2008년 봄, 한 무명 밴드의 기타리스트 데이브 캐럴[Dave Caroll]은 그의 밴드 멤버들과 함께 유나이티드 항공사[United Airline]의 비행기를 타고 네브래스카에 간다. 데이브는 탑승 전에 새로 구입한 300만 원 상당의 테일러 기타를 기내에 가지고 타려다가 항공사 직원들의 만류로 화물칸으로 보내게 된다. 가난한 기타리스트에게 이 기타는 상당히 비싼 물건이었기에 데이브는 다소 걱정하긴 했지만 항공사를 믿기로 했다.

그런데 중간 기착지인 시카고 공항에서 데이브는 놀라운 광경을 목격한다. 자신의 테일러 기타가 항공사 수하물 운반 담당자들에 의해 마구잡이로 던져지는 것을 본 것이다. 불안한 마음을 떨칠 수 없었던 데이브는 네브래스카에 도착하자마자 기타 케이스를 열어보았다. 아니나 다를까 기타는 이미 처참하게 두 동강이 난 후였다.

이에 몹시 화가 난 데이브는 항공사에게 변상을 요구했지만, 약 1년 동안 항공사는 이런저런 변명을 늘어놓으면서 변상을 해주지 않았다. 항공사의 무책임과 기나긴 소송에 지쳐버린 그는 자신의 끔찍한 경험을 담은 뮤직비디오를 친구들과 함께 만들어 유튜브에 올린다. 〈유나이티드가 내 기타를 부수네^{United} ^{breaks my guitar}〉라는 제목의 유머러스한 뮤직비디오는 이렇게 탄생한다.

뮤직비디오에서 밴드 멤버들과 그들의 친구들은 기타가 부러지게 된 상황과 기타가 부러지고 난 후 유나이티드 항공사가 보여준 무책임한 모습을 익살스럽게 표현한다. 흥겨운 컨트리풍의 멜로디와 귀에 착착 감기는 반복된 후렴구로 이뤄진 노래는 누구나 쉽게 따라 부를 수 있도록 만들어졌다. 이후 이 사건은 누구도 전혀 예상하지 못한 방향으로 흘러간다.

2009년 6월 6일 뮤직비디오가 유튜브에 올라간 지 하루 만에 15만 명의 사람들이 이 뮤직비디오를 접하고, 불과 3일 만에 50만 명의 사람들이 본다. 수많은 사람들이 데이브가 올린 동영상에 폭발적으로 반응하기 시작한 것이다. 이 폭발적인 반

응으로 이 노래는 심지어 세계적인 온라인 음원 사이트인 아이
튠즈^{iTunes}에서 1위를 차지한다. 고객을 홀대한 유타이티드라는
거대 항공사에 대한 사람들의 반감이 만들어낸 결과다. 폭발적
인 반응은 주요 신문과 CNN 같은 방송의 관심을 끌고, 이 사건
은 큰 파문을 일으킨다.

　데이브와 벌인 소송 기간 내내 무책임하게 대응하던 유나이
티드 항공사는 이 사건이 몰고 올 파장이 심상치 않다는 걸 깨
닫고 당사자인 데이브에게 사과의 말과 함께 보상을 약속한다.
하지만 이미 때는 너무 늦은 후였다. 사람들은 1년이라는 시간
동안 철저히 무책임하게 대응하다가 문제가 커지자 갑자기 태
도를 바꾼 유나이티드 항공사의 사과에 진정성이 없다고 여겼
다. 뮤직비디오의 인기는 유나이티드 항공사 불매 운동으로까

지 이어진다.

유나이티드 항공사가 입은 타격은 상상을 초월한다. 뮤직비디오가 온라인에 퍼진 4일 동안 유나이티드 항공사의 주가가 10% 폭락하는데, 이 가치가 자그마치 1억 8,000만 달러였다. 고객의 300만 원짜리 기타를 변상하지 않으려다가 우리 돈으로 약 2,000억 원이라는 돈을 공중에 날려버리게 된 것이다.

유나이티드 항공사의 사례는 디지털 세상에서 소비자에게 일어난 사건이 기업에게 얼마나 큰 영향을 미칠 수 있는지 단적으로 보여주고 있다. 즉, 디지털 세상에서 벌어진 작은 사건이 눈덩이처럼 불어나 기업에게 치명적인 타격을 준 것이다. 인터넷이 대중화되기 시작하면서 소비자 한 명 한 명이 기업에게 미칠 수 있는 영향력은 점차 커지고 있다. 인터넷이 없던 과거에는 기업이 이러한 소비자들을 쉽게 통제할 수 있었지만, 인터넷이 보급되고 사람들이 인터넷을 효과적으로 활용하는 요즘에는 쉽게 통제할 수 없게 되었다. 디지털 시대가 열리면서 소비자들은 엄청난 힘을 가지게 된 것이다.

배달의민족은 2019년 독일의 딜리버리히어로에 약 40억 달러, 우리나라 돈으로 4조 원 이상의 기업 가치로 평가받고 매각된다. 배달의민족의 성공 요인을 한두 가지로 정리하기 쉽지 않지만, 많은 전문가들은 가장 많이 배달 주문을 하는 20대들에게 브랜드 팬덤을 효과적으로 형성했다는 점을 성공의 핵심적 요인으로 지적한다. 한마디로 배달의민족의 성공 비결은 다른 배달 브랜드들에 비해 상대적으로 충성 고객을 더 많이 확보했다는 것이다.

2016년에 만들어진 '배민을 짱 좋아하는 이들의 모임'이란 뜻의 배짱이는 지금의 배달의민족을 있게 한 팬클럽이다. 배짱이에 자발적으로 가입한 소비자들은 배달의민족 관계자들과 함께 영화를 보러 간다거나 소풍을 간다거나 하는 행사들에 참가하면서 기업과 소비자라는 입장을 뛰어넘는 관계를 쌓아나갔다. 이런 과정을 통해 배짱이들은 SNS상에서 배달의민족의 든든한 후원자가 된다.

실제로 배짱이에 등록된 팬들은 배달의민족이 진행하는 새로운 마케팅 캠페인을 구체화하는 과정에서 적극적으로 여러 가지 아이디어들을 제시하거나, 배달의민족이 진행하는 다양한 디지털 마케팅 캠페인에 누구보다 앞장서서 참가하고 이를 주변에 열심히 홍보하는 것으로 잘 알려져 있다. 한마디로 디지털 세상에서 다양한 마케팅 캠페인을 통해 꾸준하게 충성도 높은 팬들을 성공적으로 확보해나간 것이 지금의 배달의민족을 있게 한 핵심 원동력이다.

국내에서 디지털 마케팅을 가장 잘하는 회사로 평가받는 배

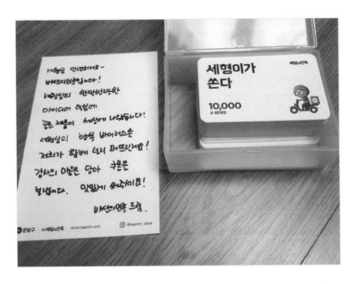

달의민족이라고 항상 성공적인 마케팅 캠페인을 진행한 것은
아니다. 좋은 목적으로 진행한 할인 쿠폰 이벤트가 역풍을 불
러와 배민 불매 운동까지 이어질 뻔한 사례가 있었다.

2019년 6월에 배달의민족은 유명 연예인들과 SNS상의 인
플루언서들을 대상으로 '1만 원 할인 쿠폰'을 배포하는 마케팅
캠페인을 벌인다. 젊은 세대들에게 유명한 힙합 가수인 기리보
이나 개그맨 양세형 같은 인플루언서들에게 1만 원 할인 쿠폰
들을 뭉치로 나눠주고, 이들 유명 인플루언서들은 자연스럽게
자발적인 방식으로 이 쿠폰을 찍어서 그들의 SNS 계정에 자랑
하듯이 올렸다. 쿠폰에는 "기리보이가 쏜다", "세형이가 쏜다"

라는 형태로 위트 있게 적혀져서 보는 사람들에게 웃음을 유발하도록 했다.

문제는 이 마케팅 캠페인에 대한 대중의 반응이 얼음처럼 차가웠다는 점이다. "기리보이가 쏜다"와 같은 SNS 콘텐츠를 접한 대부분의 소비자들이 그들의 SNS상에 불만을 쏟아내기 시작했다. "왜 공평하지 못하게 배달 음식을 끊임없이 주문해서 먹은 일반인이 아닌, 유명인들에게 1만 원 할인 뭉치를 나눠줬는지" 그리고 "공정하지 못한 방식을 연예인들이 자랑하듯이 자신의 SNS상에 올리는 것이 보기 싫다"와 같은 부정적인 의견이 인터넷 세상에 도배되었다. 특히 배달의민족을 좋아하고 자주 이용하는 팬들이 가장 큰 불만을 표시했다. 의도가 어찌되었건 한 달에 바로 결제 5회 이상 시 배달의민족 VIP가 되고, 그렇게 VIP가 되어도 천 원 쿠폰 몇 장 주면서 유명하다는 이유로 기준 없이 만 원짜리 쿠폰을 뭉치로 나눠준 것이 불공평하다는 의견이 다수였다.

끝내 배달의민족은 좋은 의도로 벌인 이 행사에 대해 공식적으로 사과문을 발표하고 '쏜다 쿠폰'이라고 명명된 캠페인을 전면 중단한다. 디지털 세상의 소비자들은 동전의 양면을 가지고 있다. 회사가 끊임없이 창의적인 방식으로 재미있게 놀아주면, 기꺼이 그 회사의 진성 팬이 되고 회사의 제품을 자발적으로 알리는 홍보 역할을 맡는 호구 되기를 꺼려하지 않는다. 하지만 디지털 세상에서 소비자들은 스스로 '호구하기'는 좋아하지만 기업에 의해서 '호구가 되는 것'은 못 참는다.

기업이 좋으면 팬클럽에 가입해서 그 기업을 위한 일들을 끊임없이 자발적으로 함으로써 스스로 호구하는 것을 주저하지 않는다. 하지만 좋아하던 기업이라도 공정하지 않는 모습을 보이면 좌시하지 않고 행동에 나선다. 기업에 의해 '호구 되는 것'은 참지 못하는 소비자다.

앞의 사례들은 디지털 시대에 소비자들과 소통하는 방식에서 근원적인 변화가 필요하다는 것을 보여준다. 디지털 시대에는 힘의 균형추가 더 이상 기업에 있지 않다. 기업이 일방적으로 강요하거나 공정하지 않는 모습을 보일 경우, 이제 소비자들은 인터넷이라는 도구를 이용해서 적극적으로 기업에 대응하고 기업에 엄청나게 부정적인 영향을 줄 수 있다.

소비자들은 이제 원하는 것이 있다면 인터넷을 통한 활동으로 힘을 모아서 기업에게 변화를 요구할 수 있다. 디지털 시대 소비자들의 영향력 증대는 기업에게 위기만을 가져다준 것이 아니다. 몇몇 기업들은 소비자의 영향력을 자신들에게 유리한 방향으로 이끌어 엄청난 성과를 내기도 했다.

이 기업들의 성공에는 공통점이 있다. 바로 디지털 세상을

정확하게 이해하고, 디지털 시대의 문화 현상을 비즈니스 모델
에 어떻게 적용해야 하는지 명민하게 알고 있는 것이다. 우리
가 발을 붙이고 살아가고 있는 세상과 디지털 세상은 다르다.
같은 사람들에 의해 만들어졌지만 다른 문화적인 특징을 가지
고 있고, 다른 심리적인 메커니즘으로 운영되고 있다고 봐야
한다.

　이 책에서는 디지털 시대 성공적인 비즈니스를 하고자 하는
사람들이 반드시 알아야 할 4가지 중요한 문화 현상이자 소비
자 코드, 즉 마케팅 전략을 소개하고자 한다. 이 4가지 마케팅
전략은 '넛지nudge 전략', '진정성authenticity 전략', 'UGCuser generated

content 전략', '공동창조co-creation 전략'이다. 이 전략들은 기업들이 어떻게 성공적인 비즈니스를 만들어낼 수 있는지 이에 대한 답을 줄 것이다.

　멀게는 미국의 실리콘밸리에서 가깝게는 우리나라의 테헤란로에서 일하는 수많은 인재들이 그들만의 엘도라도를 찾고 있다. 알다시피 엘도라도는 대항해 시대 당시 스페인 정복자들이 그토록 찾기를 원했던, 황금이 넘쳐난다는 전설의 이상향 도시를 가리킨다. 나는 디지털 세상에서 아직 발견하지 못한 수많은 엘도라도가 존재한다고 믿는다. 디지털 세상에서 기회는 상대적으로 평등하게 누구에게나 열려 있다.

　사실 디지털 세상에서 성공한 기업들의 대부분은 이 세상을 누구보다도 잘 이해한 창의적인 젊은 너드nerd들이 이끌어왔다. 페이스북의 마크 저커버그Mark Zuckerberg, 구글의 래리 페이지Larry Page 모두 무일푼으로 거대 기업을 만들어낸 사람들이다. 이들은 누구보다 더 빨리 디지털 세상의 흐름을 읽어내고 그 흐름을 자신들의 비즈니스에 잘 적용시켰다. 우리는 앞으로 계속 새로운 마크 저커버그와 래리 페이지를 만나게 될 것이다. 디지털 세상에서 살아가는 소비자들의 문화 심리를 정확하게 이해하는 사람이야말로 기회의 땅인 디지털 세상에서 자신만의 엘도라도를 찾아내는 주인공이 될 것이다.

이 책 제목을 《구글처럼 생각하라》로 짓게 된 이유가 있다. 구글이 운영하는 유튜브가 디지털 시대의 문화 심리 현상을 잘 이해하고 그것에 바탕을 둔 전략들을 적극적으로 구사해서 선도적인 기업이 되었기 때문이다. 즉, 구글처럼 디지털 세상을 이해하고 적절한 전략을 세우는 기업만이 아직 발견하지 못한 기회의 땅 엘도라도를 가장 빠르게 찾을 수 있다는 메시지를 전하고 싶었다. 더불어 한국에서도 제2의 구글과 같은 기업이 탄생하기를 바라는 마음이 담겨 있다.

마지막으로 이 책을 집필하기까지 도움을 주신 많은 분들에게 감사하다는 말을 전하고 싶다.

개인적으로 운영 중인 비영리 학술·연구 단체인 디지털마케팅연구소(www.digitalmarketinglab.co.kr)의 2기로 활동했던 박중언, 김동민 회원은 책에 나온 국내의 성공 사례들을 꼼꼼하게 발굴하고 다듬어주는 데 큰 도움을 주었다. 실리콘밸리의 구글 본사에서 디지털 마케팅 관련 엔지니어로 근무하고 있는 김동현 박사님은 바쁜 와중에도 시간을 내어 이 책에 대한 조언과 감수를 아낌없이 해주었다.

디지털 크리에이티브 그룹인 '비루트(www.beroute.com)'의 멤버들인 홍유정, 조명광, 강이원, 최성태, 최상호, 김수진, 오진우, 이지연 님에게 특별히 감사의 말을 전한다. 그들과 함께 진행한 디지털과 관련된 여러 가지 프로젝트들이 이 책에 큰 영감을 주었다. 이외에도 많은 기업과 학계에 계신 분들이 책을 읽고 다양한 조언들을 해주었다. 이 지면을 빌려 감사하다는 말을 전한다.

2016년 선보인 《구글처럼 생각하라》가 10쇄를 돌파했다. 10쇄를 기념하는 의미로, 본래 책의 의도에 부합하는 새로운 사례들을 추가하는 과정을 거쳤다. 사람이 성장하는 데 한 번쯤 거쳐 가는 티핑포인트(Tipping Point, 처음에는 미미하게 진행되다 어느 순간에 폭발적으로 변화가 일어나는 순간)가 있다고 생각한다. '디지털 문화 심리학자'로서 살아가는 나의 경력에서 그런 순간은 이 책과 이 책을 읽어준 독자들을 통해 만들어졌다고 본다. 부족한 책을 읽어준 독자들에게 진심으로 감사한 마음을 전한다.

이승윤

차례

Part 1

어떻게 청개구리
소비자들을 움직일까

/

디지털 시대의 넛지 전략

01

왜 유튜브는
광고 건너뛰기 버튼을 만들었을까

청개구리 소비자들의 탄생

**현대자동차가
제네시스 4행시 이벤트를
했다가 곤욕을 치른 까닭은?**
2013년 11월 현대자동차는 페이스북을 통한 마케팅으로 곤욕을 치른다. 뜻하지 않은 사건의 전말은 다음과 같다.

현대자동차는 공식 페이스북 게시판을 통해 신형 제네시스를 홍보하기 위해 제네시스 이름을 이용한 4행시 짓기 이벤트를 실시해서 가장 많은 호응을 얻은 사람들에게 스타벅스 커피 쿠폰을 제공하겠다고 한다. 여기까지는 많은 페이스북 이용자들에게 관심을 얻기 위한 평범한 SNS 마케팅이 진행되었다고 할 수 있다. 문제는 현대자동차가 제시한 4행시 예시의 내용으로부터 발생한다.

현대자동차는 4행시의 예시로 "제우스의 바람기가 내게 온

듯/네 옆얼굴에 내가 반했다/시크하고 쿨하던 내 얼굴에/스리슬쩍 미소가 떴다"를 들었다. 다소 낯 뜨거워지는 자화자찬 격의 예시였다. 현대자동차는 이 이벤트를 통해 페이스북 이용자들이 현대자동차에 대해 긍정적인 이야기들을 해주기를 바랐을 것이다. 기업에서 원하는 '정답'은 이미 있고, 이용자들에게 이러한 '정답'을 내놓으라는 형태의 이벤트를 실시한 것이다.

그렇다면 누리꾼들은 이러한 정답을 요구하는 현대자동차의 이벤트에 어떻게 반응했을까? 이벤트가 시작되자마자 부정적인 댓글이 폭발적으로 달렸다. 한 누리꾼은 "제네시스에서 또 물이 새네요/네, 현대차는 원래 그렇게 타는 겁니다/시속 80km/h로 박아도 에어백이 안 터지네요/스스로 호구 인정하셨네요 호갱님"이라고 적었다. 최근 불거진 '수타페(물 새는 싼타페)' 논란 등을 현대자동차 광고와 연결해 비꼰 것이다. 이 댓글은 가장 많은 '좋아요'를 받으면서 인기를 끌었고, 이러한 반응에 당황한 현대자동차에 의해 삭제되었다.

이외에도 "제네시스 이벤트로/네가 준다는 상품이… 고작/시시하게 스타벅스 아메리카노 한 잔이야?/스타일 안 난다잉"과 같이 현대자동차 이벤트 자체를 비꼬는 댓글들도 많이 달렸다. 결국 이와 같은 형태로 제네시스를 조롱하는 4행시들이 이벤트 참여 댓글들의 대부분을 차지해 결과적으로 실패한 이벤트가 되었다.

현대자동차가 예상치 못한 댓글에 대응하는 방식 역시 아쉬웠다. 현대자동차는 문제가 되는 4행시들을 페이스북에서 지웠고, 이러한 일방적인 삭제 조치는 많은 누리꾼의 반발을 불러일으켰다. 그리고 응모가 완료된 뒤 현대자동차는 "제네시스와 함께 하는 오늘/네가 있어서 더 행복함을 느낀다/시작도 너와 함께 하고 끝도 너와 함께 하고 싶다/스스럼없는 나의 선택 제네시스"라고 대답한 4행시를 당첨작으로 뽑았다.

고객이 올린 가장 큰 호응을 얻은 글들을 삭제하고, 원하는 대답을 당첨작으로 선정한 현대자동차의 이벤트는 이후에 두고두고 조롱거리로 남았다. 각종 온라인 동호회 사이트에 현대자동차를 조롱하는 4행시 캡처 사진이 돌아다녔고, 현대자동차의 반응을 성토하는 글들이 주를 이루었다. 현대자동차가 디지털 시대의 문화나 심리를 좀 더 잘 이해했다면 이와 같은 결정은 내리지 않았을 것이다.

왜 누리꾼들은 이렇게 공격적으로 현대자동차가 원하는 대답에 반대로 반응했을까? 사실 이 댓글을 단 사람들의 대부분이 신차 제네시스를 타보거나 실제로 보지 못했을 것이므로, 단순히 신차인 제네시스 자체가 좋지 않아서 이런 사태가 발생했다고 보기는 힘들다.

그보다는 현대자동차가 디지털 문화나 인터넷에서 주로 활동하는 SNS 이용자들의 특성을 제대로 이해하지 않고 이벤트를 벌여서 실패했다고 보는 게 더 타당하다. 디지털 세상에서 소비자들이 생각하는 문화심리적인 현상을 좀 더 들여다보면 현대자동차 이벤트에 왜 이렇게 SNS 이용자들이 부정적으로 대응했는지 그 해답이 나온다.

현대자동차의 4행시 이벤트에서 볼 수 있듯이, 디지털 세상에서는 기업이 억지로 SNS 이용자들이 특정 답을 말하도록 유도하는 것처럼 보일 경우 오히려 역풍을 맞을 수 있다. 해시태그 마케팅의 대표적 실패 사례로 자주 언급되는 맥도날드의 '#McDStories' 캠페인 역시 제네시스와 비슷한 경우에 해당한다. 맥도날드는 트위터 이용자들에게 #McDStories 해시태그와 더불어 자사의 제품과 관련된 좋은 글을 써달라는 캠페인을 벌인다.

현대자동차가 했던 것처럼 기업이 원하는 정답을 소비자들에게 예시로 보여준다. 맥도날드는 트위터 게시판에 "매일매일 맥도날드에 가면 질 좋은 맥도날드 제품을 고객에게 제공하기 위해 열심히 일하는 사람들을 만나볼 수 있다", "맥도날드에 갈 때마다 기분이 좋아진다"라는 자화자찬 격의 예시를 보여주고, 비슷하게 글을 써달라고 한다.

지나치게 기업이 원하는 이야기만을 요구하는 이 캠페인에 소비자들은 엄청나게 부정적인 반응을 보였다. 캠페인이 시작되자마자 수많은 사람들이 그들의 트위터에 "나는 맥도날드 버거를 먹을 때마다 내가 죽어가는 느낌이 든다", "나는 갈색 머리인데 맥치킨을 먹다가 흰색 머리카락을 발견했다. 그 이후엔 다시는 맥치킨을 먹지 않는다"와 같은 맥도날드에서 자신들이 겪은 부정적인 경험을 #McDStories 해시태그를 달아서 올리기 시작한다. 이러한 반응에 당황한 맥도날드는 이 캠페인을 2시간 만에 취소한다.

현대자동차와 맥도날드의 예시는 디지털 세상에서 수많은 기업이 저지르는 실수들의 가장 일반적인 형태다. 디지털 세상에서 마케팅 활동은 달라야 한다. 사람들이 어떻게 생각하고 반응하는지 그들의 심리를 이해하는 것이 중요하다. 또한 그들에게 영향을 주고 있는 디지털 문화가 어떠한 것인지 이해하지 않고서는 성공적인 커뮤니케이션 전략을 만들어내는 것이 쉽지 않다.

⟅ 청개구리 소비자들의 탄생

디지털 세상에서 기업이 특정 행위를 지나치게 강요할 경우, 사람들은 기업이 원하는 행동에 정확하게 반대되는 행동을 보인다. 소비자들은 기업에게 특정한 방향으로 행동하기를 강요하는 듯한 느낌을 받으면 그 반대의 행동을 보이는 청개구리 심리를 강하게 드러내는 것이다.

억지로 강요하면 그 반대로 행동하고 싶어 하는 것인 바로 청개구리 심리다. 미국에서 금주법이 제정되자 오히려 술 소비량이 증가하는 아이러니한 결과가 바로 청개구리 심리의 대표적 사례다. 기업이 원하는 응답에 정반대의 행동을 보이는 청개구리 소비자들의 심리를 어떻게 이해해야 할까?

BBC가 2014년 약 1만 8,000명을 대상으로 한 디지털 문화 심리 조사에서 응답자들의 약 67%가 인터넷이 그들에게 더 큰 자유를 가져다주었다고 느낀다고 대답했다. 디지털 세상에서 소비자들이 더 큰 자유를 누리고 있다고 느끼는 데는 몇 가지 이유가 있다.

첫째, 인터넷이 주는 익명성의 효과effects of anonymity 때문이다. 심리학자들은 인터넷 세상에서는 사람들 사이에 면 대 면face to face 물리적인 접촉이 필요하지 않기 때문에 소비자들은 익명성 속에서 자신을 보호할 수 있고, 이러한 심리 상태로 인해 디지털 세상에서 좀 더 자유롭다는 느낌을 가질 수 있다고 설명한다.

둘째, 인터넷의 발달은 힘의 균형추를 기업에서 소비자로 옮겼다. 현대 권력은 정보로부터 나온다. 즉, 누가 더 많은 정보를 가지고 그 정보를 자신이 원하는 방향으로 통제할 수 있느냐가 권력의 원천이다. 인터넷을 바탕으로 한 디지털 플랫폼의 등장은, 소비자가 기업이 만든 콘텐츠를 재해석해 재창출하거나, 소비자가 직접 콘텐츠를 생산하고 포스팅을 할 수 있는 힘을 가져다주었다.

인터넷에서 소비자 중심의 플랫폼들이 인기를 끌기 전에는 콘텐츠는 주로 기업으로부터 나와서 소비자로 이어지는 일방향적인 특성을 보였다. 예를 들어, 인터넷이 등장하기 전 주를 이룬 TV나 신문 광고의 경우, 철저하게 콘텐츠를 제공하는 측과 그 콘텐츠를 소비하는 사람이 나누어진다.

기업은 만들고, 사람들은 소비한다. 설령 이미 만들어진 광고에 대한 반응이 좋지 않으면 당장 광고를 내릴 수는 있어도 수정하거나 다른 광고를 만드는 데는 엄청난 비용과 시간이 소요된다. 따라서 소비자들의 반응을 고려해 즉각적으로 전략을 바꾸기보다는, 기존에 만들어진 콘텐츠를 효과적으로 전달하는 형태가 전통적인 마케팅 활동의 주된 특징이었다.

이처럼 전통적인 마케팅에서는 콘텐츠를 만드는 기업이 적극적으로 소비자들과 소통할 수 있는 구조가 아니었다. 하지만 디지털 세상에서는 콘텐츠의 공급자와 소비자의 경계가 모호해진다. 소비자는 기업에서 만든 광고 메시지를 받기도 하지만 동시에 그러한 광고 메시지를 자신의 페이스북으로 가져와 자신의 해석과 더불어 다른 사람들과 공유한다.

예를 들어, 한 페이스북 이용자가 '톰 하디^{Tom Hardy}'를 기용한 현대카드 광고가 형편없다고 생각하고, 그 광고를 자신의 페이스북에 공유하면서 "현대카드, 이번 광고는 도대체 무슨 소리인지 모르겠음. 괜히 비싼 배우만 불러와서 썼지만 메시지는 이해 불가"라는 글을 자신의 게시판에 함께 달았다고 하자. 그러면 이 콘텐츠를 본 사람들은 부정적으로 프레이밍^{framing}이 된 상태로 현대카드 광고를 보기 때문에 실제로 부정적으로도 볼 가능성이 훨씬 크다.

이처럼 디지털 플랫폼 안에서 기업의 광고 메시지는 기업이 원래 의도한 의미에 소비자의 해석이 가해짐으로써 전혀 다른 콘텐츠로 변할 수 있다. 이제 소비자는 기업이 만든 콘텐츠를 자신의 의도대로 해석할 수 있고, 심지어 자신의 콘텐츠를 직접 대중에게 만들어서 판매할 수 있는 권력을 가지게 된 것이다. 이러한 권력의 이동은 소비자들에게 디지털 세상이 자신들의 힘을 자유롭게 행사할 수 있는 곳이라는 생각을 가져다주었다.

소비자들은 디지털 세상을 실제 그들이 발을 딛고 사는 현실 세계보다 더 큰 자유를 누릴 수 있는 곳으로 여긴다. 그들이 상대적으로 자유롭다고 여기는 세상에서 누군가가 그들의 자유를 억압하는 형태의 자극을 줄 때 그들은 청개구리 심리를 강하게 보인다.

또한 디지털 세상에서 소비자들은 자신을 단순하게 일방향적으로 콘텐츠를 소비해야 하는 사람으로 인식하지 않는다. 원하지 않는 콘텐츠에 대해서 적극적으로 반발할 수 있는 힘을 가지고 있다고 생각한다.

소비자 심리학자들은 이러한 청개구리 심리를 반발reactance이라는 심리적 동기 요인으로 설명할 수 있다고 본다. 유튜브의 사례를 통해 디지털 세상에서의 반발이라는 심리에 대해 좀 더 자세하게 살펴보자.

왜 유튜브는 광고 건너뛰기 버튼을 만들었을까?

유튜브 이용자가 보고 싶은 동영상을 재생했을 때 기업 광고가 먼저 나오는 경우가 많다. 과거에는 짧게는 1분, 길게는 2분

정도 되는 기업 광고를 다 봐야만 원하는 동영상을 볼 수 있었다. 동영상 앞에 붙은 광고를 이용자가 끝까지 시청했을 경우, 광고주는 유튜브에게 광고료를 지불한다.

이러한 동영상 앞에 나오는 광고는 유튜브에게 가장 중요한 수익원이다. 이용자가 끝까지 광고를 보는 것이 중요하기 때문에 과거에 유튜브는 이용자들의 의사에 상관없이 끝까지 동영상을 보도록 강제했다.

하지만 유튜브는 어느 순간 이러한 광고 전략을 변경한다. 이제 보고 싶은 동영상을 재생했는데 기업 광고가 나오더라도, 5초만 참으면 버튼으로 광고를 건너뛰고 동영상을 볼 수 있다. 만약 광고가 보고 싶다면 끝까지 본 뒤 동영상을 재생하면 된다. 왜 유튜브는 손해를 감수하고도 소비자들에게 선택권을 넘겨준 걸까?

유튜브나 기업 입장에서는 억지로라도 유튜브 이용자에게 광고를 보여주고 싶은 생각이 들 수 있다. 그래서 과거에 많은 기업들은 유튜브 이용자들이 동영상을 보려면 광고를 억지로 참고 볼 수밖에 없도록 했다. 즉, 광고를 '소비자가 선택할 수 없는 형태unwanted ad exposure'로 만들었다.

디지털 세상에서 소비자들이 이처럼 원하지 않는 광고를 억지로 봐야만 하는 상황에 처해진다면 어떤 반응을 보일까?

유튜브는 소비자들에게 5초 후에 광고를 건너뛸 수 있는 옵션을 제공함으로써 그들의 반발을 최소화했다.

소비자 심리학자인 에드바드[Edvards]와 그의 동료들이 2002년도에 발표한 논문에 따르면, 디지털 세상에서 소비자들은 강제적인 노출 광고가 자신들이 광고를 볼지 안 볼지 선택할 수 있는 자유를 침해한다고 느낀다. '강제적인 팝업 형태의 광고'를 사용한 실험에서 에드바드는 소비자들이 강제적인 노출 광고에 강한 반감을 보인다는 것을 알았다. 그리고 강제적인 노출 광고를 향한 부정적인 태도가 제품으로 옮겨지게 된다는 것을 발견했다. 즉, 기업이 광고에 돈을 쓰고 오히려 욕을 먹고, 소비자가 제품에 대한 부정적인 태도까지 가지도록 만든다는 것이다.

심리학자들은 반발이란 개념을 통해 이러한 소비자들의 부정적인 태도를 설명한다. 반발은 사람들이 자신들의 자유가 침해됐다고 느낄 때 내부에서 발생하게 되는 하나의 심리적 현상이라고 정의된다. 일반적으로 사람은 자신의 자유가 침해당한다고 여기면 부정적인 감정을 느낀다. 그리고 곧바로 자신의 자유를 침해하는 대상을 찾아내 그 대상에 대해 적대적인 태도를 보인다. 이것이 바로 심리학자들이 말하는 반발에 의해 발생하는 현상이다.

하루 종일 게임만 하다가 '이렇게 살면 안 되겠구나'라는 생각이 들어서 게임을 그만하고 도서관에 가려는 순간 어머니가 방문을 열고 들어와서 "너 게임만 계속할 거야!"라고 야단을 치면, 오히려 "나 이렇게 살다 죽을 거야"라고 답하고 게임을 계속하게 되는 심리. 이게 바로 반발 심리다.

강제적인 노출 광고는 소비자들이 자발적으로 보겠다고 선택한 것이 아니다. 한마디로 '네가 원하는 걸 보고 싶다면, 지금 우리가 보여주는 걸 봐야 해'라는 강압적인 소통 방식이다. 이러한 상황에서 소비자들은 '광고를 볼 것인가, 말 것인가?'에 대해 자신이 결정할 수 있는 자유를, 강압적인 노출 광고가 박탈한다고 느끼기 때문에 반발이 발생한다. 그래서 결국 자신에게 볼 것을 강요하는 대상에 대해 적대적인 태도를 보이게 된다는 것이다.

디지털 세상

• 자연스럽지 않은 • 기업의 의도가 드러난 • 강요하는 형태의 광고 메시지	반발 작용	광고에 나타난 기업이나 제품에 대한 부정적인 태도

이러한 반발을 일으킬 수 있는 광고는 디지털 세상에서는 가능한 한 만들지 말아야 한다. 앞서 말한 것처럼 일반적으로 사람들은 인터넷 세상을 실제 세상에 비해 상대적으로 굉장히 자유로운 세상으로 여기고 있다. 따라서 오프라인보다 온라인에서 선택의 자유를 제약하는 것들에 대해 더 민감하게 반응하는 경향이 있다. 온라인과 오프라인에서 사람들이 보이는 중요한 심리적 차이 중 하나가 바로 이 부자연스러움에 대한 반발, 억지스러움에 대한 강한 반발이다.

라디오를 주기적으로 듣는 미국인들을 대상으로 한 조사에 따르면, 10명 중 8명 이상이 그들이 공짜로 라디오를 듣는 대가로 라디오에 나오는 광고를 듣는 것이 상당히 공정한 일이라고 생각한다고 응답했다. 이처럼 오프라인에서 사람들은 콘텐츠를 소비하는 대가로 기업 광고를 접하는 것에 대해 상대적으로 관대하다. 억지로 봐야만 하는 광고에 대해 오프라인에서는 소비자들이 온라인에 비해서 덜 민감한 것이다.

디지털 세상에서는 소비자들이 모든 콘텐츠는 공짜로 누려야 할 것들이고, 자신이 원할 때에만 돈을 지불하고, 자신이 원하는 형태로 기업과 커뮤니케이션을 해야 한다고 생각하는 경향이 있다. 따라서 온라인에서는 선택의 자유를 제약하는 것들에 대해 더 민감하게 반응한다.

실제로 유튜브에서 소비자의 반발을 일으킬 수 있는 광고의 효과는 크지 않았다. 결국 유튜브는 '건너뛰기'라는 옵션을 만들어 소비자들에게 선택권을 넘겨줌으로써 반발이 일어날 수 있는 가능성을 최소화한 것이다.

이러한 광고 전략의 변화는 긍정적인 결과로 돌아왔다. 국내 인터넷 이용자들을 대상으로 리서치 회사 TNS가 조사한 결과에 따르면, 유튜브 이용자의 68%는 광고를 선택적으로 볼 수 있는 기능을 '아주 좋다'라고 답했다. 더 놀라운 것은 51%는 광고를 건너뛸 수 있는 옵션을 제공하는 광고주에 더 호감이 간다고 응답했다. 이처럼 기업은 소비자들의 자유를 침해하지 않는 광고 형태를 유지하는 것이 중요하다.

02

빈 맥주 캔으로
음주운전을 줄인다고?

반발 없이 원하는 선택을 이끌어내는 방법

넛지 전략이 필요하다

유튜브 사례를 보면, 사람들에게 선택권을 넘겨주었을 때 사람들은 오히려 광고를 자발적으로 보고 그들이 본 광고에 대해서 긍정적인 생각을 갖는다. 디지털 세상에서 청개구리 소비자들을 어떻게 다루어야 할지 여기에 그 해답이 숨어 있다. 먼저 사람들의 행위를 관찰하고 그 속에 숨겨 있는 문화, 심리, 동기를 파악한다. 그러고 나서 사람들의 행위에 가장 자연스럽게 개입해서 그들의 행동을 기업이 원하는 형태로 변화시키는 것. 이것이 바로 넛지nudge 전략을 통해 청개구리 소비자들을 다루는 법이다.

넛지란 영어로 표현하면 '옆구리를 슬쩍 찌른다'는 뜻으로,

강요하지 않고 부드럽고 자연스러운 개입을 통해 타인의 선택을 유도하는 것을 의미한다. 이 개념은 행동경제학자인 리처드 탈러^{Richard H. Thaler} 시카고대 교수와 캐스 선스타인^{Cass R. Sunstein} 하버드대 교수의 《넛지》라는 책을 통해 대중적으로 널리 알려졌다. 주위를 살펴보면 넛지 효과를 이용해서 자연스럽게 사람들의 행동을 이끌어낸 전략들을 심심치 않게 발견할 수 있다.

을지로역에서 내려 시청 방향으로 걸어가다 보면, 굉장히 길고 높은 계단을 만나게 된다. 계단은 지하상가와 연결되어 있다. 사람들이 이 계단을 오르내리는 것을 부담스럽게 생각해 다른 경로로 우회할 경우 지하상가의 매출 감소로 이어질 수 있다. 따라서 지하상가 점주들 입장에서는 사람들이 상가와 이어진 길고 높은 계단을 자연스럽게 이용할 수 있도록 유도하는 전략이 필요했다.

서울시설공단과 을지로지하도상가관리소는 사람들이 이 계단을 심리적으로 거부감 없이 이용하도록 '피아노 계단'을 만들었다. 보행자가 계단을 오르내릴 경우 '도레미파솔라시도'의 아름다운 피아노 건반음이 흘러나올 수 있도록 한 것이다. 피아노 계단을 설치하자 이전과는 달리 많은 사람이 다른 경로를 선택하지 않고 이 계단을 오르내리는 결과가 나타났다. 아이들이 즐겁게 계단을 오르내리면서 피아노 소리에 맞춰 부모들과

많은 사람들이 자연스럽게 계단을 오르내리도록 만든 피아노 계단은 넛지 효과를 잘 보여주는 대표적인 사례라고 할 수 있다.

함께 노는 모습, 연인들이 가위바위보 게임을 통해 한 칸 한 칸 계단을 올라가는 모습 등을 심심치 않게 볼 수 있다.

비슷한 외국 사례도 있다. 자동차 회사인 폭스바겐이 스웨덴 스톡홀름 시 지하 계단 한 곳을 동일한 원리의 피아노 계단으로 만들어서 사람들이 붐비는 에스컬레이터가 아닌 계단을 이용하도록 유도했다. 이를 통해 계단 이용률을 평상시보다 66%로 높였다고 한다. 이것이 바로 강요하지 않고 자연스러운 형태로 인간의 행동에 영향을 주는 넛지 효과의 사례라고 볼 수 있다. '에스컬레이터가 혼잡하니 가능하면 계단을 이용하세요', '건강에 좋으니 계단을 이용하세요'라는 멘트로는 부족하다. 강요하지 않고 자연스럽게 행동을 유도하는 장치가 필요하다.

넛지 효과의 또 다른 대표적 사례로 많이 언급되는 것이 화장실 소변기의 파리 그림이다. 지금은 남자 화장실에 파리, 과녁판 모양의 스티커가 붙어 있는 소변기를 쉽게 찾아볼 수 있다. 이러한 시도를 처음 한 곳이 네덜란드 암스테르담 국제공항의 남자 화장실이었다. 소변을 볼 때 소변이 변기 밖으로 튀는 것을 막으려는 다양한 시도들이 있었지만 그 효과가 미미했다. 이 국제공항에서는 특별한 언급 없이 그냥 하얀 변기 아래쪽에 파리 모양의 스티커를 붙여보았다. 소변기 이용자들이 무의식중에 소변을 볼 때 스티커를 조준하는 행동을 보였다.

소변이 변기 밖으로 튀는 것을 무려 80% 정도 감소시켰다고 하니 어떠한 강압적인 조치나 직접적인 언급 없이 최적의 원하는 결과를 이끌어낸 넛지 효과의 대표적 사례라고 볼 수 있다. '남자가 흘리지 말아야 할 것은 눈물만은 아니다', '아름다운 사람은 머문 자리도 아름답습니다'와 같은 멘트로는 부족하다.

소변기 파리 그림을 이용하는 것보다 더 정확하게 조준하는 것을 유도하기 위해 소변기 자체에 게임적인 요소를 부과한 국내 사례도 있다. 국내의 고속도로 휴게소 중 하나인 덕평 휴게소는 소변기에 오줌의 양과 세기를 측정할 수 있는 센서를 부착해 이용자가 정확하게 조준할 경우 높은 공격 수치를 얻어서 다른 소변기를 이용하는 사람과 경쟁하는 게임을 만들었다. 재미있지만 은근한 경쟁을 불러일으키는 이 게임은 재미와 경쟁 심리를 잘 결합해 보다 더 강한 넛지 효과를 불러일으킨 사례로 볼 수 있다.

빈 맥주 캔으로 음주운전을 줄이고, 복권을 통해 과속하는 차량 숫자를 줄이다

최근 들어서 공공기관뿐 아니라 기업들도 넛지 효과를 이용해 사람들이 자연스럽게 공익적인 일을 하도록 유도하는 시도를 하고 있다. 기업이 공익적인 행위를 유도하는 캠페인을 할수록 좋은 기업 이미지를 쌓아나가는 데 도움이 되기 때문이다.

리우 카니발은 전 세계에서 가장 유명한 축제 중 하나다. 축제 기간에 매일 평균 200만 명 이상의 사람들이 축제를 즐기기 위해 거리로 쏟아져 나온다. 문제는 이 수많은 사람의 대부분이 거리에서 음주를 하고 자신들의 차를 몰고 집으로 돌아간다는 사실이다. 축제 기간에 음주운전으로 인한 교통사고가 평균 50% 이상 증가한다고 하니 얼마나 많은 사람이 축제 참여 후 음주운전을 하는지 짐작할 수 있다.

브라질 정부는 세계적인 축제 기간에 발생할 수 있는 음주운전과 관련된 불미스러운 일을 막기 위해 부단히 노력했지만 큰 효과를 거두지 못했다. 사람들은 음주운전을 하지 말라는 정부의 캠페인에 크게 반응을 보이지 않았다.

브라질은 세계에서 3번째로 맥주를 많이 소비하는 국가다. 그러기에 브라질산 맥주 브랜드들이 많다. 그중 대표적인 것인 바로 안타티카Antarctica 맥주다. 당연히 수많은 사람이 축제 기간 중에 안타티카 맥주를 마신 후 음주운전을 할 것이다. 이 맥주 회사는 자사와 관련된 불미스러운 사고를 줄이면서 기업의 이미지를 높일 수 있는 캠페인을 기획한다.

2013년 리우 카니발의 스폰서로 참여한 안타티카 맥주는 축제를 즐기면서 자연스럽게 술을 마시는 참가자들이 자동차가 아니라 대중교통을 이용해 안전하게 귀가할 수 있도록 장려하는 캠페인을 진행한다. 축제 기간에 안타티카 맥주를 마시는 참가자들이 맥주 빈 캔을 지하철 티켓처럼 사용할 수 있도록 했다. 지하철 개찰구에 있는 카드 투입구에 설치된 스캐너에 맥주 빈 캔의 바코드를 갖다 대면 지하철을 무료로 탈 수 있는 이벤트를 만든 것이다.

이 이벤트에 대한 축제 참여자들의 반응은 폭발적이었다. 색다른 캠페인에 참여한 사람들은 자신들이 빈 캔을 이용해 지하철을 타는 모습을 찍어서 그들의 페이스북이나 트위터에 올렸고, 이를 본 수많은 사람이 이 이벤트에 관심을 가지고 직접 참여했다. 축제 참가자들은 SNS를 통해 좋은 의도를 가진 캠페인에 참여하도록 자연스럽게 서로를 독려했다.

이 캠페인 덕분에 리우 카니발 기간에 음주운전으로 적발된 사람들의 숫자가 절반 가까이 줄었다. 빈 맥주 캔을 통해 음주운전을 막은 이 캠페인은 사람들의 행동 변화를 강압적이거나 직접적으로 촉구하지 않고 자연스럽게 유도한 넛지 효과의 성공적인 사례로 볼 수 있다.

도로교통공단 자료에 따르면, 자동차가 속도 45km/h 이상으로 달리다가 사람을 쳤을 때 보행 사고자의 생존 가능성이 50% 이하로 급감한다고 한다. 과속으로 인한 치사율은 약 35%로, 주요 법규 위반 사례 중 가장 높다고 하니 속도위반을 하지 않도록 운전자를 개도하는 것이 중요한 사안이라 할 수 있다.

폭스바겐은 자동차와 관련한 사망 사고의 원인 중 가장 주요한 것으로 뽑히는 속도위반을 근절시키는 캠페인 아이디어를 공모한다. 폭스바겐이 실시한 아이디어 공모전The Fun Theory Award에서 케빈 리처드슨Kevin Richardson이란 참여자가 내놓은 아이디어는 넛지 효과를 이용해 자연스럽게 운전자가 속도를 낮추도록 했다. 이 아이디어는 다음과 같다.

도로 곳곳에 설치된 로또 전광판에 규정 속도를 지킨 차량이 지나가면 초록색 엄지가 표시된다. 반대로 속도를 위반한 차량이 지나가면 빨간색 엄지가 표시된다. 속도위반을 한 사람들에게 건 범칙금을 모아 규정 속도를 지킨 사람에게 몰아서 당첨금으로 선사한다는 게 주요한 아이디어다. 실제 스웨덴 도로안전처에서 사용하고 있기도 하다.

스웨덴 도로안전처에 따르면, 이 '스피드 로또'를 실시한 이후 스톡홀름 내 차량 평균 속도가 이전과 비교해 약 22% 감소했다고 한다. 과속 측정기를 통해 운전자들에게 범칙금을 부과하고, 이를 통해 속도위반을 하지 않도록 하는 시스템은 사실 그동안 크게 효과를 거두지 못했다. 사람들은 자신들에게 감속을 강요하는 정부의 시스템에 대해 크게 호응하지 않았다. 하지만 과속 측정기를 '스피드 로또'라고 명명하고, 규정 속도를 지키는 사람에게 범칙금을 몰아주는 재미있는 시스템은 사람들을 움직였다.

로또는 일종의 경쟁이다. 많은 사람이 참여하면 할수록 상금이 커진다. 로또에 당첨될 확률은 낮지만 사람들은 재미를 위해서 흔쾌히 로또 복권을 산다. 이와 동일한 원리로, 재미와 경쟁 심리를 잘 결합해 사람들이 자연스럽게 속도를 낮추는 행위를 이끌어낸 '스피드 로또'는 넛지 효과를 성공적으로 이용한 하나의 사례라 할 수 있다.

포장 패키지 디자인 하나로
배달 중 발생하는 파손 사고를
대폭 줄인 자전거 회사

복잡한 과정 없이 포장 디자인 하나로 배달 중 발생하는 파손 사고를 크게 줄인 네덜란드 자전거 제조업체 반무프 VanMoof의 시도 역시 대표적인 넛지 사례로 볼 수 있다. 반무프는

300만 원 이상 나가는 고가의 자전거를 만들어서 판매하는 프리미엄 자전거 제조 회사다. 이 회사는 우수한 품질을 바탕으로 2015년부터 해외 배송 서비스를 통해 미국에서 자전거를 판매하기 시작했다. 판매는 순조롭게 이루어졌고 회사는 전체 판매의 90% 이상을 온라인을 통해 달성한다는 계획까지 세우게 된다.

문제는 뜻하지 않는 곳에서 발생했다. 네덜란드에서 미국으로 배송되는 과정에서 자전거를 옮기는 사람들이 자전거를 조심스럽게 다루지 않아서 프리미엄 자전거가 손상된 채로 미국에 도착하는 경우가 빈번하게 발생한 것이다. 고객들의 불만은 쌓여갔고, 문제가 생긴 자전거를 다시 배송하는 과정은 회사에 엄청난 비용으로 돌아왔다.

처음 반무프가 내놓은 개선 아이디어들은 일반적인 자전거 회사에서 흔히 생각할 수 있는 것들이었다. 배송 상자를 더 튼튼하게 만들고, 상자 안에 있는 자전거가 외부 충격에도 부서지지 않도록 두꺼운 충격 방지용 '뽁뽁이' 같은 내장재들을 충실하게 넣는 방식이었다. 하지만 이내 반무프는 자전거를 다루는 배송 직원들이 자전거 패키지 상자 자체를 조심히 다루게 하는 것이 문제를 근본적으로 해결하기 위한 가장 중요한 포인트임을 깨달았다. "안에 깨지는 물건이 있으니 조심해주세요"

라는 글을 상자에 아무리 크게 써도 그 효과가 크지 않을 것임
을 알았다.

　그래서 이 자전거 회사는 오히려 역발상적으로 사고하기 시
작한다. 푸쉬(Push)하는 형태의 경고 메시지가 아니라, 배송 직
원들이 알아서 스스로 조심스럽게 물건을 옮길 수 있도록 자연
스럽게 유도하는 방식이 무엇인지 깊이 고민하기 시작했다. 그
리고 그 고민은 '미국인들이 일상생활에서 가장 중요하게 생각
하는 물건이 뭘까?'라는 질문으로 이어졌다. 동시에 그들은 미
국인들이 가장 사랑하는 물건들 중에서 '배송업체들이 가장 조
심히 다룰 만한 물건이 뭘까?'라는 질문 역시 던졌다.

　그들의 머릿속에 떠오른 것은 바로 비싼 대형 화면의 평면

TV 이미지였다. 자전거를 담는 배송 박스는 평면 TV를 포장하는 배송 박스와 크기도 모양도 비슷했다. 그래서 이 자전거 회사가 한 일은 대단한 경고 문구를 이리저리 크게 써놓은 것이 아니라, 상자에 큰 평면 TV 이미지를 그려 넣은 것이었다.

결과는 놀라웠다. 회사의 자체 발표에 따르면, 자전거 배송 박스에 평면 TV 이미지를 넣은 것만으로 배송 중에 자전거가 망가지는 비율이 70~80%까지 떨어졌다. 배송하는 사람들이 그냥 평면 TV 이미지를 보는 것만으로도 조심스럽게 상자를 옮기게 만들었다는 결론이 나온다.

바로 이것이 넛지 메시지가 가장 효율적인 방식으로 작동한 예라고 볼 수 있다. 강요하듯이 이야기하는 메시지보다는 사람들에게 특정 행위를 유도하는 메시지를 통해 행동을 변화시키는 것이 발휘하는 힘을 이 사례는 잘 보여주고 있다.

사람의 행동에 자연스럽게 개입해 그 행동을 변화시키는 넛지 효과는 청개구리 소비자들의 반발을 줄이고 그들이 기업이 원하는 행동을 취하도록 만들 수 있는 최적의 방식이라고 할 수 있다.

디지털 시대의 넛지 전략을 더 효과적으로 구사하기 위해서는 두 가지 개념인 '자유주의적 전략'과 '개입주의적 전략', 이 두 개념들을 분리해서 접근하면 좋다.

자유주의적 전략은, 디지털 세상에서 기업이 제품이나 서비스를 제공할 때 고객들에게 최대한의 자유를 주는 형태로 환경을 만드는 것을 의미한다.

　　개입주의적 전략은, 사람들이 자발적으로 선택했다고 믿는 옵션이 결과적으로 기업에게 이득을 주는 것이다. 즉, 기업이 원하는 방향으로 사람들을 자연스럽게 움직이도록 만드는 것이 핵심이다.

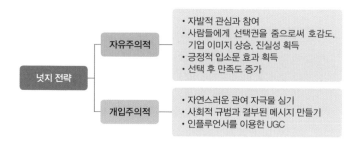

　　넛지 전략을 효과적으로 구사하기 위해서는 기업들은 소비자들에게 가능한 한 많은 자유를 주거나, 최소한 소비자들이 자신들이 많은 자유를 얻고 있다고 믿게 만들어야 한다. 이와 동시에 눈에 띄지 않으면서 자연스럽고 부드럽게 개입해 기업이 원하는 방향으로 소비자들을 이끄는 것이 중요하다. 설명하기는 쉽지만 디지털 세상에서 두 가지 상반되는 개념을 효과적으로 구사해 넛지 효과를 보기는 쉽지 않다.

디지털 세상에서 기업들이 어떠한 형태로 넛지 효과를 만들어낼 수 있는지 그 구체적인 사례들을 살펴보자.

03

왜 라디오헤드는
공짜로 곡을 배포했을까

효과적인 넛지 전략 1 – 자유주의적 전략

왜 세계적인 록 밴드 라디오헤드는 공짜로 곡을 배포했을까? 영국의 세계적인 록 밴드 라디오헤드Radiohead는 자신들의 7번째 앨범을 발표하면서 실험적인 시도를 한다. 그들이 운영하는 공식 홈페이지에 새로운 앨범의 곡들을 올려놓고, 팬들이 이 곡들을 다운로드할 때 가격을 스스로 정하게 한 것이다. 홈페이지에 방문한 팬들이 가격을 클릭할 때마다 다음과 같은 메시지가 창에 떴다. "당신이 (가격을) 정하세요It's up to you."

이러한 라디오헤드의 실험적인 시도는 당시 음반 산업계를 술렁이게 했다. 즉, 공짜로 새로운 앨범을 내려받을 수 있도록 한 이러한 시도는 겉보기에는 비상식적이고 미친 행동으로 보였다. 많은 음반 관계자가 그들의 시도를 조롱하거나, 세계적인 그룹이 해적판 파일이 판치는 상황에 항복했다고 슬퍼했다.

그렇다면 이러한 라디오헤드의 실험적인 시도에 사람들의 반응은 어떠했을까? 한 푼의 돈도 내지 않고 전곡을 다운로드할 수 있는 자유를 얻게 된 사람들의 반응은 예상과 전혀 달랐다. 약 180만 명의 사람들이 음악을 다운로드했고 그중 40%가 돈을 지불했다. 이들이 지불한 곡당 평균 가격은 2.26달러였다. 이 앨범의 평균 구매 가격은 놀랍게도 약 6달러였다. 즉, 라디오헤드는 중간 유통 과정이 필요한 전통적인 가격 정책을 통한 수익보다 더 많은 수입을 얻었다.

이러한 가격 정책을 선택한 결과 가져온 또 다른 긍정적인 효과가 있다. 이러한 가격 정책 때문에 수많은 소비자들이 그들의 앨범과 앨범 판매 방식에 대해서 호감을 표시했고, SNS에서는 자발적으로 앨범을 홍보하는 글들이 넘쳐났다. 그들의 홈페이지에서 곡을 판매한 직후 유통되기 시작한 앨범은 전 세계적으로 300만 장 이상 팔려 라디오헤드에게 최고의 상업적 성공을 가져다주었다. 또한 리미티드 에디션 형태의 디럭스 버전 앨범은 80달러라는 고가에도 불구하고 10만 장 이상 팔려나갔다.

왜 많은 사람이 공짜로 다운로드하지 않고 돈을 내는 것을 선택했을까? 돈을 내고 구입한 사람의 반응을 보면, 우리는 그 해답의 일부분을 얻을 수 있을지도 모른다. 라디오헤드의 이 실험적인 가격 정책에 정당한 가격을 지불하고 곡을 구입한 한 소비자가 다음과 같은 글을 아마존^Amazon에 올렸다.

"내가 가격 버튼을 클릭했을 때 '당신이 정하세요'라는 메시지가 나왔다. 그 메시지를 봤을 때 밴드가 손을 벌려 '나는 팬들과 진심으로 소통하고 싶다'고 이야기하는 것처럼 느껴졌다. 그들이 통제권을 나(소비자들)에게 돌려줌으로써 나는 그들과 더 가까워졌다는 느낌을 얻었다."

바로 이러한 반응이 기업이 소비자들에게 선택권을 돌려주었을 때 얻을 수 있는 긍정적인 측면이다.

(당신이 원하는 만큼만 지불하세요

라디오헤드가 사용한 가격 정책은 '당신이 원하는 만큼만 지불하세요^Pay What You Want' 즉, PWYW 모델이라고 불린다. 디지털 시대 프라이싱^pricing(가격을 결정짓는 과정)의 가장 대표적인 예가 바로 PWYW 모델이고, 이러한 PWYW 모델의 성공과 발전은 넛지 전략 가운데 자유주의적 전략을 가장 현명하게 구사한 결과라고 볼 수 있다.

과거에 프라이싱은 회사의 주도로 이루어졌다. 가격은 '수요'와 그에 따르는 '판매량'이라는 두 변수를 고려해서 회사에 의해 결정되었다. 회사는 소비자들이 구입을 망설여서 판매 부진으로 이어지는 가격 최고점과, 생산에 들어가는 비용을 제외하고 순수익을 낼 수 있는 부분이 너무 적은 가격 최저점 사이에서 최적의 지점을 찾아서 가격을 정했다. 따라서 과거에 이러한 가격 결정에서 중요한 것은, 회사가 고객들의 성향을 분석하고, 고객 집단마다 각기 다른 가격을 정하는 가격 세분화 pricing segmentation 전략을 얼마나 잘 세우느냐였다. 돈을 흔쾌히 내는 부자들에게는 높은 가격을, 가격에 민감한 사람들에게는 적당한 가격을 매겨서 파는 전략이 주를 이루었다.

인터넷이 발달하고, 모든 가격을 쉽게 비교할 수 있게 되면서 상황이 급격하게 변했다. 소셜 커머스들은 다양한 가격 정책을 통해 경쟁하기 시작했고, 소비자들은 최적의 가격을 제공하는 기업을 손쉽게 찾아낼 수 있는 시대다. 이제 소비자들은 클릭 몇 번으로 해외에서 가장 싼 가격의 물건을 쉽게 구매할 수 있게 되었다. 즉, 인터넷의 발달로 가격 결정과 관련한 힘의 균형이 공급자인 회사에게서 소비자로 이동하기 시작했다. PWYW 모델은 기업에게 기울어진 가격 결정과 관련한 통제권을 소비자들에게 돌려줌으로써 오히려 기업이 원하는 것을 얻어낸 경우라 할 수 있다.

PWYW 모델은 넛지 전략의 자유주의적 속성으로 인해 얻을 수 있는 다양한 이득을 가장 잘 설명한다. 첫째, PWYW 모델은 SNS에서 입소문word-of-mouth 효과를 일으키기에 가장 좋은 전략이다. '당신이 원하는 만큼만 지불하세요'라는 문구는 강력한 홍보 효과를 가진다. 라디오헤드 역시 그들의 홈페이지를 통해 PWYW 정책을 실시했을 때, 수많은 소비자들이 SNS에서 이러한 정책에 대해 의견을 나누었고, 이러한 이야기들은 자연스럽게 입소문 효과를 만들어냈다. 실제 앨범을 다운로드한 소비자들은 그들이 얼마만큼의 가격을 지불했는지, 왜 그만큼의 가격을 지불할 가치가 있는 앨범인지 이에 대해 끊임없이 토론했다.

이러한 글들은 자연스럽게 앨범을 홍보하는 효과를 가져왔다. 그들의 7번째 앨범이 CD로 출시되었을 때 소비자들이 폭발적으로 반응한 것은 이러한 SNS의 홍보 효과가 큰 영향을 준 것이라 볼 수 있다. 따라서 기업은 PWYW 정책을 실시함으로써 많은 사람이 제품을 '정상가'보다 낮은 가격으로 사더라도, 강력한 홍보 효과로 인해 제품을 구매하는 사람들이 증가해서 더 큰 이득을 누릴 수 있다.

둘째, 소비자들에게 선택권을 줬을 경우, 예상외로 많은 이들이 사회적 규범social norm에 바탕을 둔 행동을 한다. PWYW 정책을 실시했을 때, 물론 적지 않은 숫자의 사람들이 돈을 내지 않고 무료로 상품을 가져가는 경우가 생긴다. 하지만 놀랍게도 대다수의 사람들은 기업들이 자신들에게 선택권을 넘겨주었을 때 사회적으로 바람직한 규범에 따라 행동하려는 경향을 보인다. 즉, 라디오헤드의 '당신이 (가격을) 정하세요'라는 가격 버튼은 오히려 사람들이 정직honesty와 공정fairness에 기반을 둔 행동을 해야겠다고 생각하도록 만든다.

《저널 오브 마케팅Journal of Marketing》에 발표된 논문의 결과 역시 이러한 주장들을 지지해준다. 연구자들은 2개의 레스토랑과 1개의 극장을 선택해 특정 기간에 고객들이 원하는 만큼만 돈을 낼 수 있는 PWYW 정책을 실시한다. 600명 이상의 이용객들의 행위를 분석한 결과는 놀라웠다.

돈을 전혀 지불하지 않은 고객은 없었다. 모든 고객이 적은 돈이라도 지불했다. 물론 정상 소비자 가격보다 평균 약 15%의 낮은 가격을 지불하긴 했으나, 긍정적인 입소문 효과로 평균 판매량이 10% 이상 증가했다. PWYW 정책이 실시된 기간에 두 레스토랑은 평균 이상의 높은 수익을 냈다. 이러한 결과는 고객에게 선택권을 주었을 때, 많은 사람들이 정직과 공정에 기반을 둔 행동을 한다는 주장을 반증한다. 또한 PWYW 정책이 강력한 홍보 효과를 일으켜서 궁극적으로 회사에게 이득을 가져다줄 수 있다는 것을 보여준다.

PWYW 모델은 가격적인 측면에서 소비자들에게 더 많은 자유를 돌려주어서 기업이 원하는 것을 취하는 넛지 전략 가운데 자유주의적 전략을 이용한 사례다. 가격 이외에도 제품, 서비스를 선택하게 해서 소비자들에게 더 많은 자유를 돌려줌으로써 기업이 원하는 바를 취하는 사례 역시 존재한다.

넷플릭스의 힘, 소비자들의 자유에 방점을 둔 비즈니스 전략

2016년 1월 비디오 스트리밍 서비스video streaming service를 제공하는 넷플릭스Netflix가 한국에 진출했다. 수많은 디지털 전문가들이 넷플릭스가 한국에서 성공할 수 있을지 예측하기 시작했다. 넷플릭스가 한국 시장에 안착할 수 있을지 그 여부는 좀 더 지켜봐야 한다. 하지만 넷플릭스가 한국에 진출함에 따라 디지털 세상에서 비디오 형태의 콘텐츠를 제공하는 한국 기업들의 비즈니스 자체는 변화할 수밖에 없다.

넷플릭스의 성공은, 넷플릭스가 많은 콘텐츠를 가지고 있어서라기보다는 이용자들에게 최적의 큐레이션 서비스를 제공하기 때문이라 볼 수 있다. 예를 들어, 미국에서 비디오 스트리밍를 제공하는 3대 메이저 회사인 넷플릭스, 후루Hulu 그리고 아마존 프라임 비디오^{Amazon Prime Video} 중 넷플릭스가 제공하는 콘텐츠의 숫자가 양적인 측면에서 압도적으로 높지 않다. 그렇지만 이마케터^{eMarketer}가 2019년 9월에 발표한 자료에 따르면, 전체 OTT(인터넷에서 동영상 콘텐츠를 제공하는 서비스) 시장 분야의 글로벌 유료 구독자 숫자에서 넷플릭스는 1억 5,000만 이상의 구독자를 확보하고 있으며, 이는 넷플릭스를 뒤따르고 있는 아마존 프라임 비디오의 9,600만 구독자에 비해 압도적으로 높은 수치다. 그렇다면 전 세계적으로 넷플릭스가 경쟁력을 가지고 소비자들에게 인기를 끌고 있는 이유는 무엇일까?

넷플릭스는 디지털 세상에서 비디오를 보는 소비자들의 성향을 가장 잘 이해하고 있는 회사 중 하나다. 인터넷에는 손쉽게 불법으로 다운로드할 수 있는 영상들이 널리 퍼져 있다. 넷플릭스는 이처럼 여기저기서 공짜로 볼 수 있는 비디오 콘텐츠에 길들여진 소비자들을 어떻게 다루어야 할지 정확하게 이해했다.

넷플릭스는 자유롭게 영상 콘텐츠를 보고 공유하는 소비자들에게 콘텐츠를 판매하기 위해 그들의 자유를 제약하지 않으면서도, 그들이 넷플릭스라는 시스템 속에서 얻는 이익이 불법으로 영상을 보는 것보다 많다는 것을 자연스럽게 설득시켰다. 소비자들을 기업의 시스템 속에 가두기보다는 그들의 행동 패턴에 시스템을 맞춰나가는 형태로 사업을 발전시켰다.

예를 들어, 넷플릭스는 하나의 아이디로 이용 신청을 해도 동일 아이디로 동시에 2~4명이 접속하는 것을 허용한다. 이는 가까운 사람들끼리 하나의 아이디를 돌려쓰는 것을 넷플릭스가 잘 알고 있기 때문이다. 대부분의 회사는 이러한 사태에 직면했을 때 어떻게 하면 하나의 아이디를 돌려쓰는 행위를 막을 수 있을까에 초점을 두었을 것이다. 하지만 넷플릭스는 이러한 소비자들의 행동 패턴을 막지 않았다.

여기에는 하나의 아이디 돌려쓰기를 막기보다는 허용하는 대신 개개인의 시청 패턴만큼은 철저하게 분석하겠다는 의도가 숨겨 있다. 넷플릭스에 접속하면 누가 시청할지 묻는다. 하나의 아이디를 나누어 써도 좋지만, 개개인의 정보들을 분석할 수 없는 것을 막기 위한 장치로 볼 수 있다.

이러한 넷플렉스 이용자들의 시청 패턴의 자유를 보장하는 접근 방법은 그들의 사업에 긍정적인 영향을 미쳤다. 합법적으로 아이디 돌려쓰기를 할 수 있기 때문에 접속한 이용자의 시청 패턴 정보를 정확하게 수집할 수 있다. 그리고 이러한 시청 패턴 정보를 철저하게 분석해 개별 시청자들이 좋아할 만한 콘텐츠를 추천해주는 시스템을 구축할 수 있었다. 실제로 넷플릭스에 자신의 프로필로 접속하면 나만의 콘텐츠를 추천해주는 다양한 서비스를 즐길 수 있다.

시간 죽이기 타임에 적절한 영화들을 추천해주는 '심심풀이^{goof} around 장르 추천 목록' 그리고 '홍길동(접속한 이용자) 님을 위한 추천 동영상'은 개별 시청자들의 시청 패턴 정보를 수집하지 않고 서는 제공하기 힘든 서비스들이다. 이러한 개개인의 취향에 맞 는 서비스 제공에 시청자들은 열광했다. 미국 소비자 만족도 조 사^{American Customer Satisfaction Index}에 따르면, 넷플릭스의 추천 콘텐츠에 대해서 이용자들의 약 80%가 만족한다고 응답했다.

넷플릭스는 단순하게 큰 비디오 체인점들을 모아서 인터넷 으로 옮겨놓은 것이 아니라, 소비자들이 '나의 취향을 가장 잘 반영한 나만의 동네 비디오점'을 가지도록 한 것이다. 이러한 시청 패턴의 분석이 가능한 데는 소비자들에게 좀 더 다양한 자유를 주었기 때문이다.

전미극장주협회^{National Association of Theatre Owners}에 따르면, 2014년 할리우드에서 만들어져서 극장에서 상영된 영화의 숫자만 해 도 560편가량 된다고 한다. 작은 규모의 영화와 할리우드가 아 닌 다른 나라의 영화 숫자를 합치면 매년 제작되는 영화만 하 더라도 그 숫자가 엄청나다. 여기에 매년 제작되는 드라마 콘 텐츠를 덧붙이면 그 숫자는 상상할 수 없을 만큼 많아진다. 영 상 콘텐츠를 하루에 한 편씩 본다고 해도 우리가 볼 수 있는 콘

텐츠는 1년에 360여 편이다.

　수만 편 이상의 영상 콘텐츠가 쏟아지는 오늘날에는 많은 콘텐츠를 확보하는 것보다는 이용자가 좋아할 만한 콘텐츠를 선별해 제공하는 것이 더 큰 의미를 가진다는 것을 우리는 쉽게 이해할 수 있다. 인터넷에서 공짜로 볼 수 있는 수많은 콘텐츠가 있지만 우리는 그 콘텐츠 중 내 취향에 맞는 콘텐츠를 발견하는 데 엄청난 시간과 노력을 기울여야 한다. 그러한 귀찮은 일을 비교적 저렴한 가격으로 누군가 대신 해준다면 누가 그런 제안을 매력적으로 느끼지 않을까? 이는 공짜에 길들여진 소비자들이 넷플릭스에 돈을 지불하는 이유다.

　앞서 이야기한 것처럼 넷플릭스는 이용자들에게 영상 콘텐츠를 보는 방식에서 자유를 주는 것에 집중한다. 넷플릭스는 소비자들이 동일한 영상 콘텐츠들을 다양한 상황에서 그리고 다양한 장치들을 통해 즐길 수 있는 자유를 주었다. TV라는 상자를 벗어나 스마트폰, 태블릿, 콘솔 게임기, 휴대용 게임기 등 화면이 있거나 화면을 연결할 수 있는 모든 기기에서 영상 콘텐츠를 볼 수 있도록 했다. 셋톱박스처럼 소비자들이 콘텐츠를 보는 자유를 제약할 만한 장치들은 없애버렸다.

가입 역시 간편하다. 전화 통화 가입 절차나 가입 신청서 제출 같은 것은 없다. 이메일 주소만 있으면 손쉽게 클릭 몇 번으로 가입이 가능할 정도로 절차를 간소화했다. 떠나는 것도 자유롭게 했다. 해지 역시 클릭 몇 번이면 가능하게 했다. 정액제이기 때문에 콘텐츠를 아무리 많이 보더라도 추가 결제를 할 필요가 없다. 중요한 것은 광고를 보지 않아도 된다는 것이다. 이러한 점들이 한국의 인터넷TV^{IPTV} 서비스 회사들이 긴장하고 넷플릭스의 한국 진출 이후 발 빠르게 그들의 서비스들을 개선해나가는 이유다.

한국의 인터넷TV를 시청하는 소비자들은 그동안 셋톱박스가 설치된 텔레비전에서만 콘텐츠를 볼 수 있었고, 동일한 이용자더라도 다른 장치로 콘텐츠를 보려면 추가 결제를 해야 했다. 심지어 매달 유료 결제를 하면서도 광고를 봐야 했다. 그동안 인터넷TV 이용자들의 가장 큰 불만 요인 중 하나가, 강제적인 광고 시청이었다. '추가적으로 유료 결제를 했는데 왜 광고를 봐야 하는가?' 하는 점은 분명히 논란거리가 될 수 있다.

서비스 방식에서 다소 차이가 있기에 국내의 인터넷TV와 넷플릭스를 단순 비교할 수 없지만, 디지털 세상의 소비자들에게 더 큰 자유를 보장해주는 넷플릭스는 상당한 매력으로 다가올 것이다. 넷플릭스가 전 세계 60개 나라에서 1억 명이 넘는 회원을 가진 세계 최대의 동영상 스트리밍 서비스 업체로 성장한 것은 소비자들에게 더 많은 자유를 주었다는 데 있다.

가입은 이메일 주소만 있으면 가능하고, 해지도 간편하게 몇 번의 클릭으로 가능하고, 셋톱박스는 필요하지 않고, 화면만 있으면 그 어떤 기기에서도 콘텐츠를 즐길 수 있고, 하나의 아이디로 친구들이나 가족들이 동시에 접속하면서 콘텐츠를 즐길 수 있고, 심지어 처음 한 달이 무료라는 점까지. 그 자유로움이 넷플렉스가 성장할 수 있는 원동력이라고 할 수 있다.

고객에게 더 많은 자유를 주어라, 그러면 그들은 더욱 만족하고 충성할 것이다

디지털 세상에서 고객을 통제하려고 하면 고객은 청개구리 심리를 보이고 반발한다. 그 반발은 기업과 제품에 부정적인 영향을 준다. 오히려 고객에게 더 많은 자유를 주고, 그들을 자유롭게 할수록 고객들은 더욱 기업을 향해 긍정적인 태도를 보이고, 그러한 태도는 기업의 비즈니스에 긍정적인 영향을 줄 수 있다.

이처럼 디지털 세상에서 소비자들과 소통할 때에는 철저하게 넛지 전략 중 자유주의적 전략을 구사할 필요가 있다. 이 전략을 구사할 때 기업이 누릴 수 있는 이득은 다음과 같다.

첫째, 소비자들에게 자유를 주는 기업은 소비자들로부터 상대적으로 많은 관심과 참여를 이끌어낼 수 있다. 미디어 다이나믹Media Dynamics에서 발표한 조사에 따르면, 하루에 우리가 마주치는 광고나 브랜드 숫자는 약 5,000개 이상에 이른다고 한다. 그중에 우리가 적극적으로 시간을 내거나 주의를 가지고 보는 광고들의 숫자는 고작 평균 10개 남짓이라고 한다. 그만큼 기업 광고 메시지에 소비자들의 관심과 참여를 이끌어내기는 쉽지 않다.

하지만 기업이 넛지 전략 중 자유주의적 전략을 잘 구사한다면 상대적으로 쉽게 소비자들의 관심과 참여를 이끌어낼 수 있다. 예를 들어, 2015년 1월 볼티모어에 위치한 미국 국립수족관The U.S. National Aquarium은 고객들의 방문을 유도하기 위해 다양한 소셜 미디어 플랫폼을 통해 'Pay What You Want Day' 이벤트를 실시한다. 이벤트는 하루 동안 약 7,500명의 사람들을 불러 모았고, 3만 달러 이상의 입장료 수입을 거두었다. 이는 수족관의 일일 평균 입장료 수입을 훨씬 상회하는 것이다. 이처럼 기업이 고객들에게 더 많은 자유를 주는 메시지와 이벤트를 만들어낼 때, 사람들은 그러한 기업의 태도에 관심을 가지고 열광적인 호응을 표시한다.

둘째, 기업은 고객에게 선택권을 줌으로써 고객으로부터 호감을 얻을 수 있다. 앞서 언급한 유튜브의 사례처럼 유튜브를 방문한 사람들에게 광고 건너뛰기를 할 수 있는 옵션을 제공했을 때 사람들은 오히려 광고에 대해 긍정적인 태도를 보이면서 그 광고를 자발적으로 시청하는 경향을 보여주었다.

이처럼 고객에게 더 많은 자유를 줄수록 자연스럽게 기업의 이미지는 상승할 수 있다. 기업이 스스로 통제권을 포기하고 그 권한을 고객에게 돌려줄 때, 고객은 기업을 자신들에게 물건만 팔려고 혈안이 된 곳이 아닌 진심으로 소통하기 원하는 자세를 가진 곳으로 여긴다.

셋째, 많은 관심과 호감을 얻음으로써 자연스럽게 긍정적인 입소문 효과를 누릴 수 있다. 라디오헤드의 사례에서 언급한 것처럼 사람들은 라디오헤드의 새로운 가격 정책에 열광했고 자발적으로 앨범을 홍보해주었다. 그 결과, 몇 달 후 CD가 출시되었을 때 라디오헤드는 큰 상업적 성공을 거둘 수 있었다.

넷째, 기업이 통제권과 선택권을 소비자들에게 넘겼을 때, 소비자들은 스스로 선택한 결과에 대해서 만족할 가능성이 크다. 자발적으로 선택했을 때 우리는 그 선택에 대해 더 높은 만족감을 표시한다. 사회과학자들은 인간이 외부적 압력 없이 스스로 선택해 행동한 일에 대해 강한 책임감을 느낀다고 한다. 즉, 소비자가 강요가 아닌 자신의 의지로 어떤 제품을 구매했을 때 자연스럽게 그 제품의 선택에 대한 책임감을 더 느낀다.

이러한 책임감은 자신이 선택한 제품에 대한 강한 애착심을 가지도록 만들기 때문에 스스로 선택한 제품에 상대적으로 높은 만족감을 보인다. 부모님이 억지로 선택하게 한 학과로 간 학생들보다는 스스로 선택한 학과로 간 학생들의 학업 만족도가 높고, 학과에 대한 충성심이 높은 것도 그러한 이유 때문이다.

이처럼 넛지 전략 중 자유주의적 접근법은, 기업들이 디지털 세상에서 소비자들에게 다가갈 때 반드시 고려해야 할 중요한 문화심리적인 이해의 틀을 제공한다. 통제권을 포기하고 고객들에게 더 많은 자유를 주는 것에 대해서 두려워하거나 그러한 흐름에 반하는 행동을 하는 기업들은 실패할 수밖에 없다. 앞서 언급한 제네시스의 4행시 이벤트와 맥도날드의 트위터 캠페인 사례가 그 점을 잘 보여주었다.

기업이 디지털 세상에 불어닥친 새로운 변화의 흐름을 인정하고, 이러한 변화를 현명하게 이용할 경우 과거보다 더 효율적으로 소비자들의 충성심을 이끌어낼 수 있다는 것을 이해해야 한다. 물론 무조건 자유를 주는 것이 능사가 아니다.

넛지 전략 가운데 또 다른 중요한 전략이 개입주의적 전략이다. 즉, 더 많은 자유를 주되 자연스럽게 기업에게 이득이 되도록 소비자를 이끌어야 한다. 그렇다면 개입주의 전략이 무엇인지 살펴보자.

04

왜《이코노미스트》는
아무도 선택하지 않는 옵션을
계속 내버려둘까

효과적인 넛지 전략 2 - 개입주의적 전략

**프라이스라인은
어떻게 소비자들이 자발적으로
더 많은 돈을 내도록 만들까?**

해외여행을 좋아하는 사람은 한 번쯤 들어봤을 만한 기업이 프라이스라인Priceline.com이다. 2014년 기준으로 약 500억 달러(약 11조 1,000억 원)의 매출액을 달성한 거대 온라인 여행사다.

프라이스라인은 여행에 필요한 비행기 표, 호텔 방, 렌터카 등을 판매한다. 즉, 기본적으로 다수의 온라인 여행사와 다름없는 서비스를 제공하고 있다. 그러나 프라이스라인을 지금의 세계적인 온라인 여행 사이트로 키운 것은 온라인 여행사 최초로 넛지 전략을 구사했기 때문이라고 할 수 있다. 앞서 소개한 PWYW 모델을 온라인 여행 업계 최초로 사용한 기업이 프라이스라인이다.

프라이스라인의 성공 비결은 PWYW 모델을 역경매^{reverse} aution 방식에 담아냈다는 데 있다. 쉽게 설명하면, 소비자가 먼저 원하는 가격을 제시하면 공급자들이 이 소비자를 잡기 위해 경쟁하는 방식이다. 호텔 방 예약을 예로 들어 프라이스라인의 자세한 작동 원리를 살펴보자.

프라이스라인은 먼저 호텔들에게 (소비자가 정보를 알지 못하도록 비밀리에) 호텔 할인 가격을 제공받는다. 물론 이때 얼마의 가격으로 호텔들이 가격을 제시했는지는 소비자도 호텔들끼리도 알지 못하게 한다. 그리고 프라이스라인은 소비자들이 원하는 여행 날짜와 머물기를 원하는 장소 그리고 신용카드 번호를 적도록 한다.

예를 들어, 샌프란시스코 베이 지역의 3성급 호텔에 3월 5일부터 7일까지 2박 3일간 머물기를 원하는 사람은 이러한 정보를 프라이스라인에 등록한다. 이때 소비자 스스로 3성급 호텔에 머물 때 지불하고 싶은 가격을 '여러분이 원하는 가격을 써주세요 Name your own price'라고 불리는 가격 창에 써내도록 한다. 프라이스라인은 소비자가 올린 가격을 해당 지역의 호텔들이 제시한 가격과 비교해 보통 10~15분 내에 거래를 성사시킨다.

이 과정에서 프라이스라인은 호텔에게 수수료를 받아 이익을 얻는다. 호텔의 입장에서는 공실이 생기는 것 자체가 큰 부담이기 때문에 적절한 할인 가격에 방을 내놓게 된다. 문제는 소비자들의 입장에서는 가능한 한 적은 가격을 써내고 싶은 욕구가 생긴다는 것이다.

프라이스라인의 입장에서 수수료를 많이 챙기기 위해서는 거래를 많이 성사시켜야 하고, 가능한 한 소비자들이 터무니없이 낮은 가격을 써내지 않도록 하는 것이 중요하다. 적절한 가격을 소비자들이 써낼수록 거래 성사률이 높아질 수 있기 때문이다. 소비자가 높은 가격을 써낼수록 더 많은 호텔들이 그 소비자들을 잡기 위해 경쟁할 것이고, 프라이스라인은 쉽게 거래를 성사시키고 수수료를 챙길 수 있다.

그렇다면 프라이스라인은 어떻게 소비자들이 자발적으로 높은 가격을 적도록 유도할까? 이때 사용되는 것이 바로 넛지 전략 가운데 개입주의적 전략이다. 프라이스라인에 접속한 소비자들이 '여러분이 원하는 가격을 써주세요'란 가격 창에 가격을 적으려는 순간, 그들은 자연스럽게 프라이스라인이 제공하는 정보 하나를 읽게 된다.

"여러분이 찾고자 하는 지역의 3성급 호텔의 평균 가격이 159달러입니다."

아무렇지 않게 툭 하니 던진 이와 같은 정보(관여 자극물)는 소비자들이 가격을 적는 데 강력한 영향을 미칠 수 있다. 대학

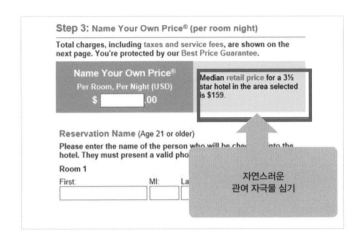

Step 3: Name Your Own Price® (per room night)

Total charges, including taxes and service fees, are shown on the next page. You're protected by our Best Price Guarantee.

Name Your Own Price®
Per Room, Per Night (USD)
$ [   ].00

Median retail price for a 3½ star hotel in the area selected is $159.

자연스러운 관여 자극물 심기

Reservation Name (Age 21 or older)
Please enter the name of the person who will be che[   ]into the hotel. They must present a valid pho[   ]

Room 1

First: MI: La[   ]

생들을 대상으로 한 실험에서 프라이스라인이 3성급 호텔의 평균 가격을 제공했을 때, 대학생들은 평균 120달러를 자신들이 지불하기를 원하는 가격으로 적었다. 반면 이러한 정보를 제공하지 않았을 때는 평균 80달러의 가격을 적어냈다.

프라이스라인의 이러한 가격 정보는 참고용으로 자연스럽게 제공한 것이지 이 가격에 맞춰 원하는 가격을 적으라는 식으로 강요하는 어떠한 문구가 없다. 즉, 강요하지 않고 '팔꿈치로 꾹 찔러주는' 넛지 전략으로 기업이 원하는 결과를 만들어냈다. 이러한 프라이스라인이 사용한 넛지 전략은 행동주의 심리학에서 많이 사용하는 앵커링 효과anchoring effect에 바탕을 두고 있다. 그렇다면 어떠한 심리학적인 메커니즘으로 이 앵커링 효과가 작동해 소비자들이 영향을 받는지 좀 더 자세하게 살펴보자.

⟲ 똑똑한 판사들도 기자들의 전화 한 통에 형량을 다르게 내린다

독일 심리학자 프리츠 스트랙Frits Strack과 토머스 무스바일러Thomas Mussweiler가 판사들을 대상으로 재미있는 심리학 실험 하나를 실시한다. 두 심리학자는 기자들이 강간범 재판을 맡은 판사들에게 판결 전 쉬는 시간에 전화를 걸어 '형량을 얼마로 내리기로 결정했느냐?'라고 질문하게 했다. 판사들을 크게 두 그룹으로 나누고, A 그룹에 속한 판사들에게는 전화를 걸어 '형량이 3년 이하냐?'라는 질문을 받게 했고, B 그룹에 속한 판사들에게는 '형량이 1년 이하냐?'라는 질문을 받게 했다. 그러고 나서 전화를 받은 판사들이 실제로 얼마의 형량을 내렸는지 조사해봤다.

결과는 놀라웠다. '형량이 3년 이하냐?'라는 질문을 받은 판사들은 평균 33개월의 징역형을 선고한 반면 '형량이 1년 이하냐?'라는 질문을 받은 판사들은 평균 25개월의 징역형을 내린 것으로 드러났다. 즉, 전화를 통해 아무렇지 않게 던진 형량 관련 질문이 판사들이 형량을 내릴 때 영향을 미친 것이다. 1년 이하의 형량을 언급하는 것이 판사들로 하여금 평소보다 낮은 형량을 구형하게 했다는 말이다.

비슷한 결과를 행동경제학의 창시자이자 노벨경제학상 수상자인 대니얼 카너먼^{Daniel Kahneman}의 실험을 통해 발견할 수 있다. 대학생들을 두 그룹으로 나눠 A 그룹의 학생에게는 '터키 인구가 3,500만 명보다 많을까?'라는 질문에 '그렇다, 아니다'로 대답하게 한 후, 그렇다면 터키 인구를 추정해보라고 했다. B 그룹에 속한 학생에게도 동일한 질문을 던졌다. 다만 이번에는 '터키 인구가 1억 명보다 많을까?'라는 질문을 던졌다. 두 그룹에 속한 학생들 모두 터키 인구에 대해 들어본 적이 없었다.

두 그룹의 터키 인구 추정치는 큰 차이를 보였다. 3,500만 명이라는 정보를 들은 학생 그룹은 평균 3,100만 명이라고 대답한 반면에 1억 명이라는 정보를 들은 학생들은 평균 7,300만 명이라고 대답했다. 두 그룹 다 처음에 들었던 정보에 가깝게 추청치를 답한 것이다.

인간은 모호하거나 넓은 선택지 앞에서 자신이 선호하는 선택지를 결정하지 못하는 경우가 많다. 많은 선택지를 던져줄 때, 자신이 진짜 원하는 것을 고르는 데 너무 많은 고민을 한다. 이때 선택할 수 있는 영역을 좁히는 기준점을 던져주면 판단을 내리는 데 훨씬 더 편안함을 느끼고 그 기준점에 따라 선택하는 경향을 보인다.

앞의 두 가지 사례는 모두 앵커링 효과로 설명할 수 있다. 앵커anchor는 선박 용어로, 배를 정박시키는 데 사용되는 닻을 의미한다. 행동경제학에서 널리 쓰이는 앵커링 효과는 인간이 처음 접한 정보에 집착해 합리적인 판단을 내리지 못하는 현상을 의미한다.

기업이 소비자의 머릿속에 자연스럽게 특정 정보를 심어두면 소비자들은 외부의 객관적인 정보들보다 이 초기 정보에 강하게 영향을 받는다. 기업이 원하는 지점에 소비자들의 마음이 계속 머물고 떠나지 못하도록 닻을 내려두는 게 바로 앵커링 효과의 핵심이다.

앵커링 효과야말로 디지털 시대에 가장 효과적으로 소비자들이 자연스럽게 기업이 원하는 행동을 하도록 유도시킬 수 있는 대표적인 넛지 전략으로 사용할 수 있다. 프라이스라인의 경우, 소비자들이 스스로 가격을 선택할 수 있도록 함으로써 관심을 끌고 호의적인 태도를 이끌어냈다. 동시에 자연스럽게 기준점(평균 가격)을 보여줌으로써 결국 소비자로 하여금 기업이 원하는 가격과 큰 차이가 나지 않는 가격을 써내도록 만들었다.

이처럼 넛지 전략에서 중요한 점은 소비자들에게 자유만을 주지 않는다는 것이다. 최대한의 자유를 보장하는 것으로 보이지만 사실은 기업이 원하는 형태로 행동을 유도해야 한다. 따라서 기업들은 앵커링 효과처럼 소비자들에게 자연스럽고 강요하지 않는 형태의 관여 자극물intervention cue를 심어두는 게 중요하다. 관여 자극물은 옆구리를 꾹 하니 찔러주는 데 사용될 수 있는 개입 전략 도구라고 생각하면 된다.

앞서 이야기한 것처럼 강요하는 형태의 관여 자극물은 역효과를 낼 수 있다. 따라서 기업들은 사전에 철저히 계산해서 자연스럽고 부드러운 형태의 관여 자극물들을 심어두고 소비자들의 행동에 개입하는 것이 중요하다.

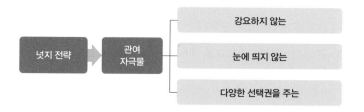

부드러운 관여 자극물은 어떠한 형태를 띠고 있을까? 크게 다음 세 가지 형태로 소비자들의 행동을 자연스럽게 유도하는 관여 자극물들을 만들 수 있다. 첫째, 관여 자극물은 강요하지 않는non-forced 형태여야 한다. 둘째, 가능한 한 관여 자극물은 눈에 띄지 않는invisible 형태로 영향을 미쳐야 한다. 셋째, 관여 자극물은 소비자들에게 보다 더 많은 자유 즉, 다양한 선택권을 주는more diverse 형태로 만들어지면 좋다.

왜 구글은 기본 검색 엔진으로 애플에게 1조 2,000억 원이라는 천문학적인 돈을 주었을까?

2016년 1월 세계적인 비즈니스 정보지 《블룸버그Bloomberg》는 애플의 아이폰에서 기본 검색 엔진을 구글로 세팅하는 대가로 구글이 애플에게 약 10억 달러(한화로 1조 2,000억 원 상당)를 지불했던 사실을 기사화한다.

아이폰 사용자들은 핸드폰의 기본 검색 엔진을 구글, 야후, 빙 등의 주요한 검색 엔진들 중 하나로 세팅할 수 있는 자유를 가지고 있다. 다만 처음 휴대폰을 샀을 때 기본 세팅이 구글로 되어 있다. 언제든지 소비자들이 검색 엔진을 변경할 수 있는 데도 군이 구글이 애플에게 천문학적인 돈을 지불하고 기본 세팅을 자사의 것으로 유지하려고 한 까닭은 뭘까?

이는 대부분의 아이폰 사용자들이 애플이 제공하는 기본 세팅 값들을 변경하지 않기 때문이다. 예를 들어, 아이폰 사용자들은 여러 검색 엔진의 효용성을 비교 분석해서 가장 좋은 검색 엔진을 선택하기보다는, 가장 먼저 이용하는 것을 계속 쓰는 경우가 많다.

이들은 새로운 검색 엔진을 접하더라도 자신이 기존에 사용하던 검색 엔진의 우수성을 찾아내려고 하는 심리를 보인다. 반면에 새로운 것을 접했을 때 가능한 한 단점을 찾아내려고 한다. 이러한 과정을 통해 기존에 쓰던 것을 계속 쓰려고 하는 것이다. 이를 현상 유지 편향status quo bias이라고 일컫는다.

현상 유지 편향 개념은 윌리엄 새뮤얼슨William Samuelson과 리처드 제크하우저Richard Zeckhauser가 처음 소개했다. 사람들은 현재의 상태에 그대로 머물고자 하는 강한 동기를 갖고 있다는 게 현상 유지 편향의 핵심 메시지다.

예를 들어, 대학교 수업에 학생들을 살펴보면 지정석제가 아닌데도 대체로 늘 같은 자리에 앉는 경향을 보인다. 네이버와 같은 검색 포털 사이트들은 많은 인터넷 이용자들이 웹브라우저의 시작 화면을 그들의 사이트로 설정하도록 유도해오고 있다. 실제 네이버의 초기 성공 요인 중 하나가, 사람들이 이러한 웹브라우저의 시작 화면을 네이버로 바꾸도록 적극적으로 유도했다는 점이다. 이후에 습관적으로 많은 사람들이 네이버를 시작 화면으로 설정해서 인터넷을 한다. 대다수의 사람들은 한 번 세팅한 시작 화면을 바꾸지 않는다. 이러한 습관적인 사용 행태가 네이버의 검색량을 증가시킨 한 가지 요인이라고도 할 수 있다.

**왜 《이코노미스트》는
아무도 선택하지 않는
구독 옵션을 계속 내버려둘까?**

미국 듀크대에서 심리학과 행동경제학을 가르치는 댄 애리얼리^{Dan Ariely} 교수는 어느 날 세계적인 경제지 《이코노미스트》를 구독하기 위해 구독과 관련된 정보가 담긴 《이코노미스트》 마지막 장을 읽다가 흥미로운 발견을 한다. 《이코노미스트》는 1년 동안 구독하려는 소비자들에게 다음 세 가지 옵션을 선택할 자유를 주었다.

옵션 1은 인터넷 접속 권리만 가진 구독 옵션으로, 59달러다. 종이 잡지를 받지 않고 인터넷을 통해서만 잡지를 볼 수 있는 권리를 가지는 옵션이다. 옵션 2는 종이 잡지 구독 옵션으로 125달러다. 종이 잡지를 매달 집으로 배달해주지만, 인터넷을 통해 잡지를 읽을 수 있는 권리는 주지 않는 옵션이다. 옵션 3은 인터넷으로 잡지를 읽을 수 있는 권리를 가지는 동시에 매달 집에서 종이 잡지를 받아볼 수 있는 옵션으로, 125달러다.

이 세 가지 옵션을 보았을 때, 댄 애리얼리 교수는 자신의 눈을 의심하고 다시 옵션 세 가지를 꼼꼼하게 읽어보았다. 왜냐하면 두 번째 옵션이 이상하게 보였기 때문이다. 동일한 가격에 종이 잡지도 받아보고 인터넷으로도 잡지를 볼 수 있는 권리를 가지는 옵션 3이 있어서 그 누구도 옵션 2를 선택하지 않을 것으로 보였기 때문이다. 댄 애리얼리 교수는《이코노미스트》가 이유 없이 이러한 옵션을 넣지 않았다고 생각했다. 그래서 MIT 학생들을 대상으로 흥미로운 실험을 해본다.

세상에서 가장 똑똑하다는 MIT 학생 100명에게 세 가지《이코노미스트》구독 옵션을 제시하고 그중 하나를 선택하도록 한다. 결과는 놀랍지 않았다. 누구나 예측한 것처럼 아무도 두 번째 옵션을 선택하지 않았다. 대부분의 학생들, 정확하게 84%의 학생들이 세 번째 옵션을 선택했고, 일부 학생들은 첫 번째 옵션을 선택했다.

흥미로운 결과는 다음 실험에서 나타났다. 이번엔 다른 MIT 학생 100명에게 두 번째 옵션을 제외하고 선택하게 했다. 두 번째 옵션은 아무도 선택하지 않기에 그 옵션을 뺐을 때 비슷한 결과가 나타나야 한다. 하지만 결과는 놀라웠다. 두 번째 옵션을 제외하고 첫 번째, 세 번째 옵션만을 제시했을 때, 이번엔 70%에 가까운 학생들이 첫 번째 옵션을 선택했다. 대다수의 학생들이 첫 번째 그룹과 다른 옵션을 선택한 것이다.

그렇다. 바보같이 보이던 두 번째 옵션은 사실 중요한 역할을 하고 있었던 것이다.《이코노미스트》입장에서는 구독자들이 첫 번째 옵션보다는 세 번째 옵션을 선택하는 게 이익이다. 소비자들은 같은 콘텐츠를 제공받는 것이라면 인터넷으로 볼 수 있는 콘텐츠를 추가 비용을 들여 집으로 배달시킬 필요가 없다고 생각했을 것이다. 그래서 두 번째 옵션이 없을 경우 대다수가 첫 번째 옵션을 선택한다.

하지만 두 번째 옵션으로 인해 합리적으로 생각하던 소비자들은 비합리적인 선택을 하게 된다. 두 번째 옵션 때문에 가장 비싼 세 번째 옵션을 가장 많은 이익을 가져다주는 최적의 옵션으로 여기기 시작한 것이다.

이처럼 소비자들이 기업이 원하는 옵션을 선택하도록 유도하기 위해 기업이 추가적으로 제공하는 옵션을 디코이decoy 옵션이라고 하고, 이 옵션을 통해 발생하는 효과를 디코이 효과decoy effect라고 한다. 디코이는 미끼라는 의미다. 즉, 소비자들이 자신도 모르게 기업이 원하는 옵션을 선택하도록 이끄는 미끼라는 의미다.

행동경제학에서 널리 쓰이는 디코이 효과는 소비자가 선택을 해야 하는 상황에서 추가된 옵션이 이미 존재하는 옵션 중 하나를 더 매력적으로 만듦으로써 소비자들이 합리적인 선택을 하지 못하게 하는 현상을 의미한다. 관여 자극물 중 디코이 옵션을 가장 많이 쓰는 이유는, 디코이 옵션이 겉보기에는 소비자들에게 더 다양한 옵션을 주는 것처럼 보이기 때문이다. 소비자들은 더 다양한 옵션을 받았다고 착각하지만, 기업은 교묘하게 소비자가 더 높은 가격의 옵션(즉, 이윤을 더 많이 가져다주는 옵션)을 선택하도록 미끼 옵션을 끼워 넣은 것이라고 볼 수 있다.

이러한 디코이 효과를 보려고 많이 사용하는 방식이, 비싼 가격의 옵션을 하나 끼워 넣어 중간 가격의 옵션이 매력적으로 보이게 함으로써 가장 낮은 가격의 옵션 대신 중간 가격의 옵션을 선택하도록 만드는 것이다.

예를 들어, BMW는 3 시리즈 모델을 판매할 때 소비자들에게 새 가지 옵션을 제공한다. 320d Efficient Dynamics, 320d Modern Line, 그리고 320d Luxury Line이다. BMW에서 320d는 비싼 라인의 차가 아니다. 어느 정도 소득이 있는 합리적인 소비자들이 선택할 가능성이 큰 작은 세단 모델이다. 이 세 가지 옵션 중에 디코이 즉, 미끼 역할을 하고 있는 옵션은 사실 320d Luxury Line이다.

BMW는 5,000만 원 중반대의 상대적으로 높은 가격의 이 옵션을 많은 고객들이 선택하리라고 생각하지 않을 것이다. 다만 이 비싼 가격의 옵션으로 인해 320d 구매자들이 기본 옵션이 아닌 중간 옵션인 Modern line을 선택할 가능성이 크기 때문에 Luxury Line을 파는 것이다. Luxury Line 옵션이 없다면, 3 시리즈 소비자들의 대다수가 기본 옵션을 선택할 가능성이 크다.

그런데 Luxury Line이 등장하면서 Efficient Dynamics는 뭔

가 부족한 것처럼 보이고, 중간에 낀 Modern Line이 가격적인 측면이나 성능적인 측면에서 가장 매력적으로 보이는 것이다. 그래서 실제로도 Modern Line을 선택하는 소비자들이 가장 많다.

그리고 아주 극소수의 사람들만이 Luxury Line을 선택한다. 만약 소비자가 Luxury Line에 관심을 보인다면 어떻게 할까? 아마 BMW 딜러는 5 시리즈를 보여주면서 "고객님, 몇 백만 원만 더 들이시면 5 시리즈로 타실 수 있습니다"라고 권유할 것이다. 5 시리즈에도 소비자들을 기다리고 있는 디코이 옵션을 포함한 세 가지 옵션이 있다. 그러면 결국 3 시리즈의 Luxury Line을 생각한 소비자는 5 시리즈의 중간 옵션의 차를 선택하게 될 것이다.

소비자들에게 좀 더 다양한 옵션을 제공하는 듯하지만 사실 기업이 원하는 옵션을 선택하도록 하는 디코이 효과야말로 기업들이 디지털 세상에서 가장 효과적으로 소비자들을 공략할 수 있는 관여 자극물 중 하나다.

05

당신은 와퍼와 친구 중
누구를 더 사랑하나요

캠페인에 참여하게 하라

게임하듯이
경쟁시켜라

기업이 넛지 전략을 구사해 달성할 수 있는 두 가지 목표는 다음과 같다. 첫째, 앞서 설명한 다양한 사례에서 설명했듯이 자연스럽게 기업에게 이득을 가져다주는 방향으로 행동하거나 의사 결정을 하도록 이끄는 것이다. 둘째는 기업이 만든 다

넛지 전략

1. 기업에게 이득을 주는 방향으로 행동하거나 의사결정을 하게 만드는 것

2. 기업이 만든 마케팅 캠페인에 적극적으로 참여하게 만드는 것

양한 마케팅 캠페인에 적극적으로 참여하도록 하는 것이다.

최근 들어 SNS 플랫폼에서 기업들이 다양한 형태의 캠페인을 벌여 적극적으로 소비자들의 관심과 참여를 이끌어내려는 시도가 많아지고 있다. 예를 들어, 기업들의 초기 페이스북 활동은 가능한 한 많은 사람을 팬으로 확보하는 데 있었다. 기업들은 주로 단순한 일방향적인 소통과 이벤트 중심의 마케팅 활동에 초점을 맞추고 있었다.

하지만 최근 들어 기업이 중심이 되는 페이스북 활동에는 한계가 있고, 소셜 미디어의 핵심적인 특징을 잘 이해하지 못한 마케팅 활동이라는 인식이 생겨나고 있다. 예를 들어, "지금 '좋아요'를 누르면 커피 쿠폰을 드립니다"와 같은 일방향적인 이벤트가 중심이 되는 초기의 페이스북 활동에는 명확한 한계가 있었다.

왜냐하면 기업이나 기업의 활동에는 전혀 관심이 없고 커피 쿠폰과 같은 혜택만 취하는 '체리피커' 고객(기업의 상품이나 서비스를 구매할 의사가 전혀 없이 이벤트를 통해 주어지는 공짜 쿠폰과 같은 이득만을 취하러 다니는 고객)들이 많기 때문이다. 페이스북 이벤트 참여자들 중 체리피커가 차지하는 비중이 클수록 실질적인 마케팅 효과는 반감된다. 그렇다면 페이스북과 같은 소셜 미디어 이벤트 참여자 중 체리피커의 비중은 얼마나 될까?

체리피커들을 파악하는 업체에 따르면, 평균 이벤트 참여자들 중 25% 이상이 체리피커로 분류된다고 한다.

따라서 단순히 고객들에게 이득을 주는 형태로 이벤트를 만드는 일방향적인 페이스북 활동은 장기적으로는 기업에 도움이 되지 않는다. 보상이 주어지는 일방향적인 이벤트는, 많은 사람이 한 번 기업이 운영하는 페이스북에 방문하거나 '좋아요'를 클릭하도록 만들 수 있다. 하지만 그뿐이다. 이벤트가 끝나면 방문자들의 대부분은 다시 기업의 페이스북으로 돌아오지 않을 것이다.

또한 단순하게 기업이 시키는 일을 함으로써 상품을 받는 행위는 소비자들의 입장에서 능동적으로 참여한 것이 아니라 상품을 받기 위해 억지로 참여한 행위라고 볼 수 있다. 이와 같이 기업이 보상이라는 당근을 통해 일방향적으로 특정한 행위를 유도하는 것은 디지털 문화를 제대로 이해하지 못한 전략이라고 할 수 있다.

그렇다면 보다 효과적으로 기업이 SNS 플랫폼에서 만든 다양한 캠페인에 소비자들이 적극적으로 참여하게 할 수 있는 방법은 무엇일까? 중요한 점은 가능한 한 강요하지 않고 자연스럽게 참여를 이끌어내는 것이다. 즉, 소비자들이 스스로 주체성을 가지고 움직일 수 있도록 관여 자극물을 만들어 캠페인에 자연스럽게 참여하게 하는 것이 중요하다. SNS 참여형 캠페인을 만들 때에도 넛지 전략을 이용하는 것이 반드시 필요하다.

최근 들어 디지털 세상에서 가장 이슈가 되는 기법 중 하나가 게이미피케이션^{Gamification}이다. 존 라도프^{Jon Radoff}는 《Gamification & 소셜게임》이라는 저서에서 '게이미피케이션(혹은 게임화)'을 소비자 대상 웹이나 모바일 사이트 등 게임이 아닌 애플리케이션에서 애플리케이션 이용을 권장하기 위해 게임 플레이 기법을 적용하는 것이라고 정의했다.

쉽게 이야기하면, 게이미피케이션은 게임에서 이용자들이 계속 플레이를 하도록 다양하게 만들어놓은 트릭들을 인터넷 세상에 적용한 것을 뜻한다. 게임을 만든 사람에게 가장 중요한 점은, 플레이어가 자발적으로 계속 동전을 넣고 게임을 하게 하는 것이다. 계속 플레이를 하는 것은 억지로 시킬 수 없다. 플레이어가 자발적으로 계속 플레이 버튼을 누르도록 게임 회사들은 다양한 장치들을 게임에 심어두었다.

예를 들어, 게임이 끝난 후에 참가자들의 순위표를 공개하거나, 참가자들의 순위와 참가자의 나라를 보여주는 식이다. 이는 참가자들이 자연스럽게 경쟁심을 가지도록 게임 회사가 만든 트릭이라고 볼 수 있다. '내가 이 순위밖에 안 된다고? 다시 플레이해서 1등이 되어보겠어', '어, 일본인이 1등이네. 내가 우리나라를 대표해서 꼭 저 점수를 넘어서겠어', 이런 심리가 자연스럽게 생기도록 만드는 것이다.

참가자들의 순위표를 공개해서 자연스럽게 경쟁심을 불러일으키거나 행동에 대한 보상으로 가상의 화폐를 지급하는 등 게임에서 많이 사용하는 요소들을 도입해 재미없거나 지루하게 느낄 수 있는 일들을 하도록 유도한다는 것이 게이미피케이션의 핵심 원리다. 즉, 게이미피케이션의 원칙은 '즐거움과 재미'를 주면서 자발적으로 움직이도록 '동기 부여'를 하는 데 있다. 이러한 두 가지 원칙은 자유를 줌으로써 소비자들에게 만족감을 주고 동시에 자연스러운 형태로 특정 행위를 하도록 유도하는 넛지 전략의 원리를 반영한다고 볼 수 있다. 그렇다면 기업들이 소비자들의 적극적인 참여를 이끌어내기 위해서 게이미피케이션을 사용한 사례들을 살펴보자.

당신은 와퍼와 친구 중 누구를 더 사랑하나요?

버거킹은 재미있는 경쟁 구도를 이용해 페이스북에서 성공적인 고객 참여형 이벤트를 만들어냈다. 사실 버거킹 이전에 패스트푸드 회사들의 캠페인들은 대부분 단선적이었다. '좋아요'를 누른 고객들을 추첨해 '공짜 햄버거'를 주는 것이 대표적인 예다.

하지만 버거킹은 이러한 일방향적인 캠페인 활동은 큰 의미가 없다는 것을 잘 알고 있었다. 소비자들이 재미를 느끼고 적극적으로 기업이 만든 캠페인에 참여할 때 자연스럽게 제품에 대한 애정이 생기고 매출로 이어진다는 것을 빨리 파악한 것이다. 버거킹은 넛지 전략 중 게이미피케이션 원리를 이용해 캠페인 참여자들에게 자연스러운 경쟁 심리를 불러일으키는 방식을 사용하기로 마음먹었다.

버거킹은 '와퍼인가 친구인가^{Whopper Sacrifice}'라는 공짜 와퍼 버거 쿠폰 이벤트를 만든다. 단순히 '좋아요'를 누르는 페이스북 이용자들에게 공짜 와퍼 버거 쿠폰을 나누어주는 대신 "당신은 버거킹 와퍼와 페이스북 친구 중 누구를 더 사랑하나요?"라는 다소 황당하지만 재미있는 질문을 던지면서 그들이 페이스북 친구 10명을 희생시키면 즉, 친구 끊기를 하면 공짜 와퍼 버거 쿠폰을 주겠다는 캠페인을 실시한다.

버거킹은 이 캠페인에 참여자들의 경쟁심을 부각시키는 게임 요소를 살짝 찔러 넣는다. 관계가 끊어진 친구에게 "당신의 친구가 공짜 와퍼를 먹기 위해 당신을 희생시켰습니다"라는 메시지를 전송해 "친구는 당신 대신 버거킹 와퍼를 선택했습니다. 그렇다면 당신은 어떻게 하겠습니까?"라고 물은 것이다.

어느 날 페이스북에 접속하니 내 친한 친구가 나와 친구 관계를 끊어버렸다는 것을 알게 된다. 알고 보니 버거킹 와퍼 하나를 받기 위해 관계를 끊어버린 것이다. '이런 괘씸한 놈…. 나만 당할 수 있나?' 나도 친구 맺기를 한 친구들 10명을 끊어버리고 와퍼 버거를 받는 이벤트에 참여한다.

이러한 참신한 이벤트 아이디어는 엄청난 입소문 마케팅 효과를 낸다. 약 8만 2,000명의 페이스북 이용자들이 이벤트 시작과 동시에 이 캠페인에 참여하고 페이스북이나 트위터를 통해 수많은 사람이 서로 경쟁하듯이 누가 빨리 친구를 끊나 게임을 벌인다. 물론 후에 다시 친구 맺기를 하면 되니 큰 문제가 될 리 없다. 모두가 즐겁게 게임하듯이 이 이벤트에 참여하고 열광했다. 캠페인이 시작된 10일 동안 23만 명의 친구가 삭제되었다고 하니 얼마나 많은 사람이 경쟁적으로 이 이벤트에 참여했는지 알 수 있다.

이 이벤트는 엄청난 입소문 효과를 냈고, 다양한 미디어들의 집중 조명을 받게 된다. 물론 이 기간에 버거킹의 매출 역시 올라갔다. 버거킹은 '친구보다 와퍼가 더 좋다'라는 메시지를 재미있는 게임 메커니즘과 결합해 성공적인 참여형 이벤트를 만들어냈다. 약간의 마법 같은 경쟁심만 부각시킨다면 누구나 기

버거킹은 단순한 공짜 쿠폰 이벤트가 좋은 아이디어와 결합할 때 굉장한 효과를 만들어낼
수 있다는 것을 보여준다.

업이 만든 이벤트에 즐겁고 적극적으로 참여할 수 있다는 것을
버거킹은 이 캠페인을 통해 보여주었다.

나이키의 이벤트,
'당신의 땀으로 입찰하라'

나이키 역시 자연스럽게 경쟁
을 유도해 SNS 플랫폼을 이용
한 마케팅 캠페인을 성공적으로 이끈다. 2012년 나이키는 새
롭게 업그레이드된 나이키 플러스 모바일 앱을 알리기 위해 페
이스북을 통한 참여형 이벤트를 실시한다. 그냥 이벤트에 참가

한 사람들에게 선물을 주는 것은 의미가 없다고 생각한 나이키는 기발한 아이디어를 만들어낸다. 그것이 바로 '당신의 땀으로 입찰하라^{Bid your sweat}'란 캠페인이다.

나이키는 캠페인을 통해 "우리는 당신이 한계를 극복하기 위해 흘리는 땀이 얼마나 소중한지 잘 알고 있습니다. 당신이 흘린 땀은 돈보다 더 소중합니다"라고 이야기하면서 참가자들이 돈이 아닌 '러닝 거리'로 입찰해 나이키의 아이템들을 얻는 방식의 이벤트를 만들었다. 경매 방식을 취했지만, 일반적인 경매가 아닌 스스로 뛰어서 만든 '거리', 즉 '땀'을 경매를 위한 화폐로 삼았다는 점이 흥미로운 포인트였다. 경쟁을 재미있는 방식으로 자연스럽게 유도했다는 점에서 게이미피케이션을 마케팅에 차용한 캠페인이다.

'당신의 땀으로 입찰하라' 캠페인은 대성공으로 끝난다. 캠페인이 진행된 2주 동안 이 캠페인에 참여한 사람들이 달린 총 거리는 1,334km였다. 그리고 최종 우승자의 러닝 기록은 332km으로, 이 길이는 런던에서 파리까지의 거리쯤 된다. 이 기간에 캠페인 플랫폼으로 사용한 나이키 페이스북에 2만 5,000명 이상이 방문했고, 사람들은 폭발적인 반응을 보였다. 즉, 타인의 뛴 거리가 실시간으로 끊임없이 업데이트되는 상황에서 입찰에 참가한 사람들은 다른 사람들보다 조금 더 뛰기 위해 노력했고, 이를 지켜보는 수많은 사람 역시 참가자들을 응원하면서 이벤트에 적극적으로 참여했다.

던킨도너츠는 어떻게 사람들을 매장으로 이끌어내 모닝 메뉴를 먹게 했을까?

던킨도너츠는 머핀이나 베이글과 같은 다양한 아침 메뉴들을 판매하고 있다. 하지만 점심 시간이나 오후 시간에 비해서 아침 시간에 메뉴 판매가 부진했다. 바쁜 한국인들은 아침을 건너뛰기 쉽다. 바쁜 직장인들이나 학생들이 부족한 잠을 줄여가면서 아침 일찍 매장에 들르도록 만들기란 쉬운 일이 아니다. 2012년도 통계청 자료에 의하면 던킨도너츠가 주 타깃으로 삼는 20~30대의 세 명 중 한 명이 아침을 거른다고 한다. 아침에 억지로 깨워서 던킨도너츠 매장에서 아침을 먹게 하는 미션은 그리 쉬워 보이지 않는다. 물론 억지로 고객들을 오게 만드는 것 자체가 말이 안 되는 일이다.

던킨도너츠는 이 문제를 게이미피케이션 원리를 이용해 풀어보려 했다. 아침에 사람들의 옆구리를 꾹 찔러서 사람들을 매장으로 오게 만든 것이다. 그들은 '모닝스타트업'이라는 앱을 만들어서 소비자들에게 홍보한다. 모닝스타트업을 다운로드한 소비자가 모바일 앱을 실행해 전날 자기 전에 목표 시간을 설정하고 그 시간까지 던킨도너츠에 도착하면, 던킨도너츠에서 파는 아침 세트 메뉴인 모닝콤보를 최대 30% 할인해주는 캠페인을 만들었다.

작동 원리는 다음과 같다. 예를 들어, 이용자가 전날 밤 잠이 들기 전에 앱을 통해 아침 8시에 기상 알람을 설정해놓고 다음 날 먹을 메뉴를 미리 골라놓는다. 다음 날 아침 8시에 알람이 울린다. 이 알람을 통해 일어난 이용자는 기상 후 3시간 이내에 출근길 혹은 등굣길에 가까운 던킨도너츠 매장에 들르는 미션을 수행해야 한다. 앱에서는 마치 게임 미션을 완수해야 할 것만 같은 느낌을 준다. "미션를 2시간 안에 완수해야 합니다"라는 메시지와 더불어 계속 줄어드는 시간을 보여주기 때문이다. 만약 성공적으로 기상 후 3시간 이내에 매장을 방문하면 할인을 받을 수 있다.

"김 아무개 님이 미션을 완수했습니다"라는 메시지는 함께 모닝스타트업 앱을 받은 친구들에게도 전달된다. 즉, 누가 그날 미션을 완수했고, 할인받았는지, 매달 얼마만큼 할인받았는지 그 순위까지도 친구들끼리 공유된다. 매장에 3시간 안에 도착해야 하는 레이싱 게임을 실황으로 즐기는 듯한 재미를 주고, 동시에 친한 친구들끼리 경쟁 심리를 자극함으로써 이용자가 좀 더 적극적으로 앱을 사용하게 만들었다.

이러한 게이미피케이션 원리를 기반으로 한 모닝스타트업 앱에 대한 사람들의 반응은 폭발적이었다. 재미와 함께 자연스러운 경쟁 관계를 만들어낸 이 모닝스타트업 앱은 특별한 광고 없이 소비자들 사이에 입소문을 타 누적 다운로드 수가 출시되고 얼마 되지 않아 20만 명을 넘어섰다. 그 결과, 전년 대비 모닝콤보 판매율이 18%가 늘었고 출시 10개월 만에 누적 판매수 200만 개를 돌파하는 인기를 끌었다.

이처럼 자연스러운 형태로 참가자들 사이의 경쟁 심리를 불러일으키는 게이미피케이션은 강요 없이 소비자들을 자발적으로 움직여 기업이 만든 캠페인에 적극 참여시킨다는 점에서 넛지 효과를 잘 반영한 마케팅 전략이라고 할 수 있다.

해시태그를 오락 기기의 공격 버튼처럼 만든 〈데어데블〉의 광고

〈데어데블〉은 넷플릭스가 자체 제작한 대표적인 인기 드라마다. 낮에는 존경받는 변호사지만, 밤에는 가면을 쓴 데어데블로 활약하는 주인공 머독이 뉴욕의 헬스 키친을 무대로 불의에 대항에 싸운다는 내용으로, 마블코믹스의 대표적인 슈퍼 히어로를 주인공으로 해서 북미에서 큰 인기를 끌고 있다.

2016년 시즌 2편을 홍보하기 위해 넷플릭스는 캐나다 토론토 시내 중심부에 특별한 야외 광고판을 만든다. 시내의 대형 야외 광고판에 〈데어데블〉의 캐릭터인 '데어데블,' '퍼니셔' 그리고 '엘렉트라'를 내세운다. 그리고 이 대형 광고판을 지나가는 사람들에게 부탁한다.

당신이 응원하는 캐릭터를 위해 #Daredevil, #Punisher 혹은 #Elektra라는 해시태그hash tag 무기를 가지고 함께 싸워달라고. 페이스북, 트위터와 같은 소셜 미디어에서 캐릭터의 이름을 해시태그로 달면, 48시간마다 소셜 미디어 플랫폼에 언급된 해시태그의 숫자를 바탕으로 광고판이 자동으로 변경된다.

마치 해시태그를 오락 기기의 공격 버튼처럼 사용할 수 있도록 한 것이다. 예를 들어, 참여자들이 퍼니셔 캐릭터를 공격하고 싶다면 그의 이름의 해시태그를 많이 언급하면 된다. 그러면 48시간 후 이 3D 전자 광고판에서 퍼니셔 캐릭터는 공격을 당한 모습으로 변해간다. 얼굴에 멍이 들어 있거나 뒤의 벽에 총알이 박혀 있다. 또는 데어데블이나 일렉트라가 사용하는 무기들이 꼽혀 있는 형태로 캐릭터가 변해간다.

이러한 넷플릭스의 〈데어데블〉 광고는 소셜 미디어에서 팬들로부터 엄청난 호응을 얻었다. 사실 특정 지역에 설치된 야외 광고판은 여러 가지 측면에서 큰 입소문 효과를 내기 힘들다. 우선 사람들이 복잡한 곳을 지나가고 있기 때문에 그들에게 주목을 받기 힘들고, 전광판이 보이는 범위 내에서만 효과를 볼 수 있다는 제한성이 있다.

〈데어데블〉 광고는 대표적으로 온라인과 오프라인을 효과적으로 연결한 O2O$^{online\ to\ offline}$ 전략을 이용해 이러한 광고판의 제약점을 잘 극복해냈다. 〈데어데블〉의 주요한 캐릭터들은 마블코믹스의 대표적인 캐릭터들이기에 오래된 충성 팬들이 존재한다.

그들은 좋아하는 캐릭터를 위해 적극적으로 해시태그

를 눌러댄다. 즉, 모두 스마트폰을 들고 다니기 때문에 자신이 원한다면 잠시 멈춰 서거나 걸어가면서 이 흥미로운 캠페인에 참여할 수 있다. 그리고 특정 지역에 설치된 광고판을 통한 캠페인이지만, 이 캠페인의 취지와 내용이 소셜 미디어에서 빠르게 퍼져 나갔기 때문에 그 효과가 설치 지역을 넘어서서 광범위하게 나타났다.

넷플릭스는 어떻게 해야 길거리에 걸어 다니는 사람들을 적극적인 캠페인 참여자들로 만들어낼 수 있는지 잘 알고 있다. 그들이 좋아하는 캐릭터의 충성심에 약간의 재미있는 경쟁 심리를 가미하면 사람들이 적극적으로 움직인다는 것을 잘 안 것이다. 이처럼 경쟁 심리를 이용한 넛지 전략은 오프라인에 펼쳐지는 광고들을 온라인으로 끌어들이는 데 활용될 수 있다.

Part 2

소비자가
열광적으로 지지하는
기업이 되려면?

/

소비자를 감동시키는 진정성 전략

THINK LIKE GOOGLE

01
파타고니아가 제발 우리 옷을
사지 말라고 광고하는 이유

소비자의 마음을 얻어야 하는 시대

파타고니아가 "제발 우리 옷을 사지 말아주세요"라고 광고하는 이유

2011년 미국 최대의 세일 행사인 블랙프라이데이. 모든 기업이 대대적으로 소비자들의 구매를 자극하는 광고에 천문학적인 돈을 쏟아부을 때, 한 회사가 "제발 우리 옷을 사지 말아주세요"라고 광고한다. 바로 이 기업이, 2007년 세계적인 경제지 《포춘Fortune》이 세상에서 가장 '쿨한' 기업The coolest company on the planet으로 선정한 파타고니아Patagonia다. 《뉴욕타임스》 전면에 실린 '베스트셀러 재킷을 사지 말라Don't buy this jacket'는 광고는 다음과 같은 메시지를 담고 있다.

"이 재킷을 사지 마세요. 우리가 만드는 모든 것이 가져오는 환경 피해는 예상외로 엄청납니다. 지금 당신이 보고 있는,

98

우리 회사의 베스트셀러 제품인 R2 재킷도 마찬가지입니다. 이 재킷을 만드는 데 135리터의 물이 필요합니다. 이 물의 양은 45명의 성인들에게 필요한 하루 물 섭취량입니다. 또한 재킷을 만드는 데 우리가 사용하는 폴리에스테르의 60%는 재활용된 것이지만, 그래도 환경 파괴의 주범인 이산화탄소를 20파운드나 만들어냅니다.

사실 우리는 재킷을 친환경적으로 만들기 위해 최선을 다합니다. 많은 부분에서 재활용된 섬유를 사용하고, 내구성이 매우 좋아서 한 번 구입한 후에 가능한 한 오래 입을 수 있도록 만듭니다. 하지만 우리가 최선을 다하더라도, 이 재킷의 가격을 훨씬 넘어서는 환경 비용이 이 재킷을 사는 행위로부터 발생합니다. 당신이 반드시 필요하지 않은 물건을 살 필요는 없습니다. 당신이 무엇을 사려고 할 때 한 번만 더 생각해보는 시간을 가지세요."

광고 메시지를 읽다 보면 기업이 말하고자 하는 것에 진정성이 느껴진다. 그냥 가식적으로 사지 말라고 하는 것이 아닌 진실성이 느껴지는 광고 메시지다. 파타고니아는 이러한 메시지가 담긴 광고를 그들의 홈페이지를 비롯해 다양한 SNS 플랫폼에 대대적으로 내보낸다.

블랙프라이데이에 자신들의 물건을 사지 말라고 광고한 회

사에 대해 소비자들은 어떻게 반응했을까? 놀랍게도 더 많은 사람이 파타고니아 의류를 사기 시작했다. 각종 온라인 플랫폼에서 수많은 사람이 파타고니아의 광고 메시지에 대해 이야기하기 시작했고, 이는 긍정적인 입소문 효과로 작용했다.

아이러니하게도 자사 제품을 사지 말라는 2011년 블랙프라이데이 광고 캠페인 직후 오히려 파타고니아의 판매량은 33% 증가했다. 광고 직후 14개의 새로운 점포를 오픈했을 정도로 엄청난 성장세를 보였고, 현재까지 매년 15% 이상의 높은 성장률을 보이고 있다. 현재는 아웃도어 웨어 시장에서 노스페이스The North Face, 컬럼비아Columbia 등과 어깨를 나란히 하는 세계적인 기업으로 성장했다.

그렇다면 왜 사람들은 '사지 말라'는 광고를 보고 난 뒤 오히려 그 회사 제품을 더 구매했을까? 바로 광고를 통해 기업의 진정성authenticity이 소비자들의 마음을 움직였다고 할 수 있다. 고객들은 기업이 이야기하는 것에 대해 진정성을 느꼈고, 기업이 이야기하고자 하는 가치에 동의한다는 의미로 제품을 구매했다는 말이다. 파타고니아의 성공은 디지털 시대의 핵심 코드 중 하나인 진정성이 어떻게 기업 비즈니스에 도움이 되는지를 잘 보여준다.

파타고니아는 이러한 블랙프라이데이 캠페인과 별도로 기업의 진정성을 보여주는 다양한 마케팅 활동들을 지속적으로 펼치고 있다. 새로운 옷을 사라고 마케팅을 하는 대신에 고객들에게 무료로 반짇고리(바늘, 실, 골무, 헝겊 따위의 바느질 도구를 담는 그릇)를 나누어주거나, 어떻게 효과적으로 옷을 수선해서 입을 수 있는지 그 동영상을 온라인 홈페이지에 제작해 올려둔다. 과거와는 달리 단추를 다는 것과 같은 간단한 수선을 어려워하는 사람들이 늘어나고 있다는 데 착안해서 동영상만 보면 간단하고 손쉽게 수선을 할 수 있도록 만들었다. 이러한 활동을 통해 많은 고객은 파타고니아 기업이 그들의 이익을 넘어서서 사회문화적으로 옳은 일에 앞장서고 있다는 깊은 신뢰를 느낀다.

제품에도 진정성의 요소를 담았다. 1993년부터 버려지는 플라스틱 병을 모으기 시작했다. 옷을 파는 회사가 왜 플라스틱 병을 모았을까? 파타고니아는 최첨단 기술을 개발해서 버려진 플라스틱 병으로부터 옷감의 실을 뽑아내는 것에 성공한다. 이러한 형태로 개발한 친환경 소재만 해도 수십 가지에 이른다. 또한 수십 톤의 버려진 옷들을 수거해 재활용 단계를 거쳐 버려진 옷에서 실을 다시 뽑아서 새 옷을 만드는 데 사용한다. 그리고 파타고니아는 이야기한다. "아무리 친환경적인 재킷이라도 만드는 데 온실가스가 20% 배출되고, 아무리 재활용해도 약 3분의 2의 천이 버려진다." 그래서 그들은 미안한 마음을 담아서 '지구에 내는 세금'이라는 의미로 매년 매출액의 1%를 환경 보호를 위해 기부한다. 피타고니아는 말로만 환경 보호를 외치는 것이 아니라 제품 기획, 생산, 광고, 그리고 재활용 과정에 이르기까지 진정성 있게 친환경적인 비즈니스를 하려고 최선을 다한다.

디지털 세상에서 기업이 진정성을 보여줄 수 있는 가장 효과적인 방법 중 하나가, 회사나 회사에 고용된 사람들이 아닌 일반인들이 회사 혹은 회사가 팔고 있는 제품의 진정성에 대해 주도적으로 이야기하는 것이다. 파타고니아가 운영하는 '낡아빠진 옷(wornwear.patagonia.com)'이란 기업 블로그 사이트에는 고객들이 실제 구매한 파타고니아 옷들을 얼마나 오랫동안 입고 있는지, 낡아 빠진 옷을 어떻게 수선해서 입고 있는지 그 이야기들로 가득하다. 아버지 등에 올라타서 웃고 있는 생후 7개월 된 아이가 성인이 되어서 사진에서 아버지가 입고 나온 파타고니아 재킷을 물려 입은 모습에는 진정성이 담겨 있다.

파타고니아 고객들은 그들 삶의 순간순간의 기억들이 새겨진 옷에 대해서 이야기한다. 그리고 자신들이 이 오래된 옷을 얼마나 사랑하는지, 앞으로도 계속 이 옷과 함께 삶의 추억들을 쌓아나가겠다고 말한다. 이처럼 파타고니아는 '낡아 빠진 옷'이란 사이트를 통해 고객들 한 명 한 명에게 콘텐츠 크리에이터로서 자신들만의 스토리를 만드는 장소를 제공했다. 물론 그들이 이 '낡아 빠진 옷'에서 나누었던 진정성 어린 이야기들은 이후 페이스북과 인스타그램과 같은 다양한 다른 SNS 플랫폼을 통해 퍼져 나가게 된다. 파타고니아 회사가 획득한 진정성은 고객들이 체험하고 진심으로 그것을 느껴서 얻어진 것임을 알 수 있다.

ᘡ 쓰레기로 만든 명품 가방 프라이탁

트럭 바람막이 방수포, 버려진 자전거 타이어 튜브, 재활용 공장에서 가져온 폐차 안전벨트. 이러한 재료들을 사용해 만든 가방이 명품으로 평균 50만 원 이상의 고가에 불티나게 팔린다는 게 믿기는가? 바로 이 가방이 프라이탁^{Freitag}이다.

프라이탁은 마커스 프라이탁$^{Markus\ Freitag}$이란 젊은 그래픽 디자이너가 만든 친자연주의 가방이다. 마커스가 태어난 스위스 사람들은 대부분 환경에 관심이 많다. 그래서 많은 사람이 자동차 대신 자전거를 타고 출퇴근을 한다. 문제는 날씨다. 유럽 날씨는 변덕스럽다. 갑자기 비가 오는 경우가 많다. 갑작스럽게 비가 오는 날 자전거를 타고 퇴근을 할 때 생기는 문제 중 하나가 중요한 서류나 물건이 담긴 가방이 젖는 것이다.

마커스는 비바람에 강한 출퇴근용 메신저 백을 만들어보겠다고 생각한다. 그리고 가능한 한 환경에 해를 끼치지 않는 방식으로 가방을 만들어보겠다고 마음먹는다. 그런 생각을 하던 중 우연하게 그가 살고 있는 집 주변의 폐기물 처리장에 있는 트럭 바람막이 방수포를 본다. 그는 '트럭 방수포야말로 최고의 가방 재료가 아닐까' 하는 생각을 하게 된다. 트럭 방수포는 튼튼하고, 물이 새지 않으며, 세찬 바람에도 잘 상하지 않는 강한 내구성을 가지고 있기 때문이다.

여기서 끝났다면 아마 지금의 프라이탁 브랜드는 존재하지 않았을 것이다. 그냥 평범한 수많은 메신저 백 중 하나가 탄생했을 것이다. 마커스는 트럭 방수포를 쓰되 반드시 5년 이상 된 오래된 트럭 방수포만을 사용하기로 한다. 트럭 방수포는 주로 운송할 때 물건을 보호하기 위한 덮개로 사용한다. 트럭들이 장시간 운행되고, 높은 속도에 비바람을 맞아야 하기 때문에 트럭 방수포는 보통 5년 이상이 되면 더는 사용하지 못하고 버려진다. 마커스는 이 점에 주목했다. 5년 이상 된 버려진 트럭 방수포만을 사용하면, 환경을 보호하는 데 큰 도움이 될 것이라고 본 것이다.

지금도 프라이탁은 5~8년 된 방수포만 사용하는 것을 고집한다. 실제로 이러한 방수포를 구하는 것이 쉽지 않아져서 CEO인 마커스 본인과 직원 4명이 전 세계를 돌아다니면서 오래된 방수포만을 찾는다. 새로운 방수포를 사용하면 공급받기도 쉽고 수익적인 면에서도 더 좋겠지만, 자신이 기업을 세울 때 가졌던 진정성을 지키기 위해 지금도 5년 이상 된 버려진 방수포만을 사용한다는 원칙을 포기하지 않고 있다. 만약 프라이탁이 그냥 쉽게 새 방수포를 구해서 사용했다면, 원단에 담긴 이러한 진정성 있는 이야기는 사라졌을 것이다.

마커스는 여기서 끝내지 않았다. 가방 전체를 다 재활용품들만 이용해서 만들기로 한 것이다. 그는 트럭 방수포를 주요 재료로, 폐차로부터 얻은 안전벨트를 가방 끈의 재료로 사용한다. 그리고 폐차 에어백, 버려진 자전거 타이어 튜브 같은 것들을 가방 부속품으로 사용한다. 다양한 SNS 채널들을 통해 매년 390톤의 오래된 트럭 방수포들과 3,600개의 버려진 타이어 튜브, 22만 개의 버려진 안전벨트가 쓰레기가 아닌 멋진 가방으

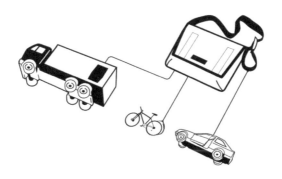

로 재탄생했다는 것을 강조하는 마케팅 활동을 펼친다. 제품이 가진 친환경적인 재료들을 통해 진정성을 브랜드가 자연스럽게 획득하게 된다.

　프라이탁의 가방은 파타고니아의 오래된 옷처럼 브랜드 자체에 진정성이 담긴 스토리를 가지고 있다. 프라이탁 가방이 그냥 새로운 트럭 방수포를 사용해서 만들어졌다면 그 어떤 이야기도 담을 수 없을 것이다. 하지만 개개의 가방은 5년 이상 된 트럭 방수포로 만들어졌고, 각각의 방수포는 그것들만의 이야기들을 가지고 있다.

　어떤 트럭 방수포는 중국의 작은 마을에서 마을 사람들의 주요한 식료품을 도시로부터 실어 나르던 것이었고, 또 다른 방수포는 미국의 동서부를 횡단하던 트럭에 사용된 것이었다. 억지로 스토리를 만드는 것이 아니다. 각각의 방수포가 최근 5년간 어디에서 어떻게 쓰였는지 그 자체가 고객에게 일종의 '역사'로 전달된다. 물론 가방은 이 세상에서 하나밖에 없는 독특한 아이덴티티를 가진 상품으로 다시 태어난 것이다. 5년 이상된 트럭 방수포의 일부로 만들어진 프라이탁 가방은 세상에서 유일무이한 것이 될 수밖에 없다. 1993년 설립 이후 약 300만 개 이상의 프라이탁 가방이 만들어졌지만, 그 가운데 똑같은 가방은 하나도 없다.

실제 프라이탁의 가방을 사는 고객들은 그들의 가방의 역사에 대해 이야기하는 것을 좋아한다. 이 세상에 똑같은 프라이탁 가방은 존재하지 않는다. 고객은 역사와 친환경적인 가치를 지닌 자신만의 가방을 소유했다는 느낌을 받는다. 고객들은 이러한 진정성이 담긴 이야기들을 적극적으로 SNS에 풀어낸다. 이러다 보니 가방은 50만 원 이상의 비교적 높은 가격에 판매되고 있지만 매년 전 세계에서 20만 개 이상이 팔린다. 프라이탁 기업은 연매출이 500억 원 이상인 건실한 기업으로 성장했다.

프라이탁 가방은 열성팬이 많기로 유명하다. 애플과 할리데이비슨처럼 프라이탁 가방을 사랑하는 고객들도 온라인 커뮤니티에서 적극적으로 활동한다. 프라이탁 애호가는 세계 곳곳에 약 3만 명 이상 그리고 한국에서만 3,000명이 넘는 것으로 추정된다. 프라이탁 제품만 200개 이상 가지고 있는 사람들도 있다. 똑같은 가방이 없기 때문에 수집품으로 여기는 것이다. 이처럼 프라이탁은 제품에 진정성이 있는 이야기를 담아내서 성공한 사례라고 할 수 있다.

오뚜기는 어떻게 갓뚜기가 되었나?

오뚜기는 1969년 설립돼서 긴 역사를 가진 중견 기업이다. 라면, 케첩, 카레와 같은 다양한 식품을 판매하는 것으로 소비자들에게 잘 알려진 회사다. 딱히 튀지 않던 이 기업이 디지털 세상에서 가장 '핫'한 기업으로 떠오른 것은 2016년 말부터다. 2016년 당시 메이저 기업들이 정직하지 못하게 상속세를 납부해 연일 이슈화가 되던 시점에 창업자가 별세하면서 주식을 물려받은 장남 함영준 회장이 1,750억 원에 이르는 상속세를 성실하게 분납하겠다고 하자 오뚜기의 투명한 경영 승계가 인터넷에서 퍼지기 시작했다. 이 소식과 함께 정규직이 98%에 이를 정도로 비정규직이 없는 회사라는 점, 오랜 시간 동안 '선천성 심장병 어린이 후원 사업'을 소리 소문 없이 해왔다는 점이 알려지면서 인터넷 세상의 소비자들이 오뚜기를 칭찬하는 글들을 쏟아내기 시작했다.

　소비자들은 단순하게 이 기업에 대해 호의적인 이야기를 하는 것을 넘어서서 오뚜기에게 '갓뚜기(신이라는 의미의 God과 오뚜기를 합친 말)'라는 별칭을 만들어주었다. 단순하게 '갓뚜기'란 별칭만을 만들어준 것이 아니라 SNS상에서는 "나는 앞으로 오뚜기 라면만 먹겠다"와 같은 글들 역시 쏟아지기 시작했다. 이런 긍정적인 움직임이 매출에 영향을 주었다. 갓뚜기란 별명을 얻기 이전에는 오뚜기의 주력 상품인 '라면'의 경우 시장 점유율이 19.3%로 20%에 미치지 못했지만, 1년이 지난 2016년 말에는 점유율이 24.5%까지 상승했다.

　디지털 네이티브라고 불리는 젊은 소비자들은 가치 소비를 한다. 가치 소비란 자신이 옳다고 생각하는 가치를 담은 제품이나 서비스에 대해 적극적으로 돈을 쓰는 경향을 의미한다. 옳은 일을 한다고 생각하는 기업의 제품이나 서비스에 대해 적극적으로 홍보해주는 것을 넘어서서 이런 기업의 제품들을 열심히 구매해주기까지 한다.

최근 젊은 층들 사이에 불고 있는 '영혼 보내기' 구매 역시 비슷한 형태라 하겠다. 2018년, 2019년 각각 개봉한 〈미쓰백〉, 〈걸캅스〉 같은, 여성을 주인공으로 내세운 한국 영화는 많지 않다. 대부분의 한국 영화는 남성 중심의 시사로 움직인다. 주요 캐릭터들이 남성들로만 이루어져 있거나, 남자들이 그려내는 세상들이 끊임없이 영화 안에서 변주되고 재생산된다. 실제로 2015년 〈매거진 M〉이 분석한 결과에 따르면, 그해 100만 명 이상이 관람한 영화들 중에서 여성이 메인 주인공(크레딧에 첫 번째로 올라온 이름이 여성인 경우)인 영화가 3편에 불과했다.

이러한 영화판에서 남성 캐릭터 중심의 쏠림 현상에 대해 의식하는 관객들이 늘어나면서 여성 감독이 만든 영화나 여성 캐릭터가 중심으로 나오는 영화들의 표를 구매할 때, 자신의 영화 좌석 이외에도 이 영화를 지지하기 위해서 "내 영혼의 표까지 2장 구매한다"라는 형태로 영혼 보내기 소비를 하는 것이 요즘 영화계에 불고 소비 트렌드다. 실제로 이런 영혼 보내기 움직임에 힘입어 〈미쓰백〉과 〈걸캅스〉는 손익분기점을 넘기는 성과를 거두었다. 여성이 주인공인 영화는 흥행이 안 된다는 공식을 깨는 이러한 움직임들이 앞으로 두드러질 것이라고 영화계는 예측하고 있다.

젊은 디지털 네이티브들은 상품이 아니라 그 상품이 담은 신념을 산다고 할 수 있다. 이제 기업들은 까다로운 소비자들의 입맛을 충족시키기 위해 제품과 서비스의 퀄리티를 높이는 것과 동시에, 기업이 커뮤니케이션을 하는 대상들이 중요하게 생각하는 가치나 신념을 파악하고, 이를 충족시키는 활동 역시 열심히 해야 한다.

파타고니아, 프라이탁, 오뚜기 기업의 사례와는 정반대로 몇몇 기업은 고객들에게 진정성이 없는 회사라는 이미지를 얻어서 비즈니스에서 고전을 면치 못하고 있다. 어떤 기업이 고객들에게 진정성 없는 회사라는 이미지를 얻었는지 살펴보자.

02

도미노피자는 어떻게
화난 소비자를 지지자로 바꿨을까

소비자를 감동시키는 방법

**왜 현대기아차는
'흉기차'로 불릴까?** 2016년 현대기아차의 내수 점
유율이 65% 밑으로 떨어졌다.
한때 국내 자동차 시장점유율이 90% 가까이 도달했던 적이 있
었다는 것을 상기해볼 때 현대기아차의 국내 시장 부진은 심각
하다고 볼 수 있다.

물론 이러한 부진의 이유 중 하나가 해외 수입차들이 선전했
기 때문이다. 이제 다양한 외제차들을 그리 비싸지 않은 가격
에 손쉽게 살 수 있는 시대가 된 것이다. 하지만 이런 이유와는
별개로 국내의 많은 소비자가 현대기아차에 등을 돌리게 된 원
인 중 하나는, 사람들이 현대기아차를 정직하지 않은 기업이라
고 인식하기 시작했다는 데 있다. 즉, 사람들은 현대기아차를

더 이상 진정성을 가진 기업으로 여기지 않는다는 말이다. 심각한 문제는, 인터넷을 많이 이용하는 젊은 층들이 현대기아차를 바라보는 시각이 부정적이라는 것이다.

많은 사람이 현대기아차를 정직하지 않은 기업이라고 여기는 이유 중 하나가, 현대기아차가 내수용 차와 수출용 차를 다르게 만든다는 이야기 때문이었다. 같은 가격인데도 불구하고 내수용 차보다 수출용 차를 더 좋은 품질로 만들어서 판다는 말이다.

현대기아차는 이러한 사실에 대해서 강력하게 부인했다. 과거 인터넷이 발달하지 않은 시대에는 이런 이야기들이 크게 이슈가 되지 않았다. 사람들은 '설마 그렇겠어'라고 생각하고는 그 말을 잊어버리거나, 언론에 나오는 현대기아차 관계자들의 말을 더 신뢰했다.

지금은 다르다. 클릭 몇 번이면 현대기아차의 내수용과 수출용 차의 차이점에 관련된 정보들을 손쉽게 찾을 수 있다. 심지어 논란들을 정리해둔 사이트들도 있다. 그냥 정보 제공만으로 끝나는 것이 아니라, 주장하는 바를 뒷받침할 객관적인 근거를 함께 제시한 곳들이 많다.

실제 몇몇 차량 부품이나 안전장치에서 현대기아차의 주장과는 다르게 내수용과 수출용 차량이 현격하게 다르다는 것을 많은 사람이 알게 되었고, 그들은 오랫동안 구매한 현대기아차가 자신들에게 거짓말을 했다는 데 더 분개했다. 이후 현대기아차의 내수용 차량에 대한 개선 작업이 이루어졌지만 한 번 잃어버린 신뢰를 되찾기란 쉽지 않았다.

한 번 신뢰를 잃자 이후에 발생한 여러 가지 문제에서도 부정적인 색안경을 끼고 현대기아차를 바라보는 고객들이 많아졌다. 급발진이나 불량 문제에 대해서 지나치게 엄격한 잣대들이 현대기아차에게 가해졌다. 그리고 현대기아차의 불량 문제와 관련된 패러디물들이 인터넷에서 활발하게 만들어졌다. 누리꾼들 사이에 유명한 사이트 게시판들에서는 현대기아차에 대한 조롱이 담긴 글들이 늘어났다.

예를 들어, 2013년에 한 누리꾼이 당시 국내 SUV 판매 1위인 싼타페의 누수 현상을 비난하면서 현대자동차의 대표적 광고인 '감성 광고'를 패러디해서 글을 올렸다.

"비오는 날에 시동을 끄고 30초만 있다가 내려보세요. 누수 현상을 뒤(트렁크)에서 확인할 수 있습니다. 싼타페는 원래 그렇게 타는 차입니다."

이 패러디 콘텐츠는 엄청난 인기를 얻었고, 현대자동차의 대표적인 베스트셀러인 싼타페는 '수(水)타페'라는 별명으로 불리기 시작한다. 이외에도 인터넷 커뮤니티나 SNS 플랫폼에서 현대기아차란 말보단 '흉기차(품질이 형편없어 흉기나 다름없는 차라는 뜻)'라는 이름이 더 많이 언급되었다. 사실 소수의 차량에 나타나는 불량이나 결함은 다른 자동차 회사들, 심지어 벤츠나 아우디와 같은 수입차 회사에서도 발생한다. 이 문제가 현대기아차에 불거졌을 때 누리꾼들이 유독 가혹하게 대하는 것은, 현대기아차에 진정성 없는 기업이라는 이미지가 드리워졌기 때문이라고 할 수 있다.

만약 초기에 내수용 차와 수출용 차의 품질 차이와 관련한 이슈가 생겼을 때나 싼타페의 불량 문제를 제기했을 때, 현대기아차가 잘못을 적극적으로 인정하고 사과하는 방법을 취했다면 이야기는 다르게 흘러갔을지도 모른다. 많은 누리꾼들이 현대기아차에게 등을 돌린 것은, 초기의 여러 가지 문제가 발생했을 때 현대기아차가 제대로 대응하지 못했기 때문이다. 불만이 제기되었을 때, 변명하거나 모르쇠로 일관하는 자세를 보이고, 과실이 마치 고객에게 있다는 식으로 책임을 떠넘기는 태도가 문제를 더 키웠다.

'수타페' 사태의 경우에도, 인터넷에서 문제가 되고 논란이 커지는데도 두 달 가까운 시간 동안 현대자동차는 '원인 파악 중'이란 말만 반복해서 더 큰 반발을 불러일으켰다. 또한 현대자동차 사장이 언론에서 수리를 해줄 수 있으나 누수 문제가 불거진 싼타페 차량에 대해 더 이상 추가 보상 계획은 없다고 이야기하는 등 누리꾼들을 자극하고 오해를 낳을 수 있는 말들을 한 것도 문제를 더욱 키웠다.

내수용과 수출용 차의 품질 차이 문제에서도 사실과 다르다면서 소비자를 이해시키기보다는 일방적으로 '문제없다'는 식의 태도를 보인 것도 일을 더 크게 만들었다. 문제가 발생했을 때 일단 적극적으로 사과하고, 차량 소유주와 누리꾼들을 포함시킨 태스크포스팀을 만들어 원인을 파악하고 그들과 소통하면서 문제를 해결했다면 분명 결과가 달라졌을 것이다.

또한 현대기아차와 관련된 여러 가지 불량 문제가 이슈화됐을 때 '다시 초심으로 돌아가겠다'와 같이 내실을 다지기보다는 '과도한 고급화'를 강조한 것도 문제로 지적된다. 현대기아차에 대한 신뢰에 금이 간 상황에서 '지금 문제가 있지만 우리는 개선해나가고 있다'라는 솔직한 메시지를 던지기보다는 '최첨단 기술, 럭셔리' 같은 단어들에 방점을 찍은 고급화 메시지의 광고들을 더 많이 만들었다. 이로 인해 오히려 진정성이 부족한 기업이라는 이미지가 더 강화되었다.

논란이 커졌던 장소가 디지털 세상이었기에 문제 해결을 위해 가장 먼저 나서야 하는 곳도 바로 인터넷이라고 할 수 있다. 현대자동차는 2015년 '마음 Dream'이라는 프로그램을 론칭

현대자동차의 마음을 담아 고객께 드리는 "세 번째 이야기"

현대자동차를 너무나도 아껴주시는 여러분!
현대자동차에 대해 궁금했던 질문을 등록해 주세요.

여러분들이 그동안 현대자동차에 듣고 싶었던 이야기, 알고 싶었던 이야기를
현대자동차 경영층이 직접 답해드리는 자리를 마련했습니다.

한다. 현대자동차와 관련된 불편 사항이나 문제점들에 대해서 소비자들과 적극적으로 소통함으로써 문제를 해결해나가겠다는 의지의 일환으로 만들어진 프로그램이다.

특히 현대기아차의 문제점에 대해서 가장 활발하게 다루었던 중고차 쇼핑몰이자 커뮤니티인 보배드림과 비슷한 네이밍을 채택한 것도 어느 정도 의도한 것이라고 할 수 있다. 즉, 우리를 가장 비난했던 당신과 진실되게 소통하기 위해 만든 플랫폼

이라는 것을 은연중에 강조한 것이라 할 수 있다.

현대자동차는 '마음 Dream' 프로그램 가운데 하나로 실제 2015년 12월 14일 현대자동차를 표적으로 삼는 대표적인 '안티팬'들을 초청해 경영진과 만나서 소통하는 자리를 만들었다. 현대자동차 곽진 부사장이 직접 참석해 참여 고객들과 함께 현대자동차의 핵심 개발 연구소를 견학하고, 차량 정면 충돌 테스트를 관람하며, 간담회를 통해 참석자들이 생각하는 현대자동차의 문제점과 개선 방향에 대해서 진솔하게 듣는 자리를 마련했다.

현대기아차의 사례에서 알 수 있듯이 중요한 것은 기업이 잘못을 저지른 이후에 보이는 태도다. 이 세상에는 완벽한 제품은 없다. 혁신의 아이콘인 애플의 아이폰 중에도 불량폰이 있고, 세계적인 명차 브랜드인 벤츠 역시 불량 차량을 만든다. 따라서 기업들은 언제든 제품 불량과 관련된 고객의 비난에 직면할 수 있다.

기업이 잘못을 저지르고 고객들의 비난을 받을 때 만약 현명하게 대처한다면 위기를 기회로 만들 수 있다. 어떤 기업이 위기 상황을 적절한 진정성 전략을 구사해서 기업 이미지를 향상시키는 기회로 만들었는지 살펴보자.

냉동 피자가 도미노 피자보다 더 맛있다던 화난 소비자들을 진정한 지지자들로 바꾼 도미노 피자

기업이 위기 상황에서 효과적인 진정성 전략을 구사할 때 어떻게 성장할 수 있는지 보여준 사례가 2009년 발생한 도미노 피자 사건이다. 2009년 미국 전역에서 이루어진 소비자 만족도 조사 결과 도미노 피자가 가장 맛없는 피자로 뽑힌다.

당시 페이스북과 같은 소셜 미디어 게시판에 도미노 피자와 관련된 글들을 살펴보면, 부정적인 글들이 대부분이었다. 소비자들의 대다수 의견은, 도미노 피자가 2009년 가장 맛없는 피자로 뽑힌 것은 놀랄 만한 일이 아니라는 것이었다.

"피자 소스가 우리 냉장고에 있는 토마토케첩 같은 맛이 난다", "피자 도우가 마치 종이 상자 씹는 맛이 나더라", "차라리 냉동 피자가 도미노보다 더 맛있을 듯…"이라는 도미노 피자를 조롱하는 글들이 대부분이었다. 현대기아차에 대한 부정적인 반응만큼 도미노 피자에 대한 부정적인 반응이 많았고, 도미노 피자를 조롱하는 글들 역시 많았다. 하지만 현대기아차와 달리 도미노 피자는 이러한 위기 상황에서 진정성을 되찾기 위한 적극적인 전략을 세워 실행하기 시작했다.

이런 부정적인 이슈가 인터넷에 나타나자마자 도미노 피자

는 발 빠르게 움직였다. 가장 먼저 도미노 피자가 취한 액션은
동영상을 만들어 인터넷에 내보내는 것이었다. 동영상을 보면,
제일 먼저 "미국에서 가장 맛없는 피자", "종이 상자 씹는 맛이
나는 피자 도우"와 같은 조롱을 담는 소비자들의 부정적인 반
응을 여과 없이 그대로 보여준다. 그러고 나서 도미노 피자
CEO가 직접 등장해서 소비자들의 생각을 겸허하게 받아들인
다. 문제점이 무엇인지 이제부터 찾아나가고 소비자들과 소통
하면서 문제를 해결하겠으며 우리가 어떻게 변화하는지 지켜
봐달라고 말한다. 마지막 장면에서는 시청자들에게
PizzaTurnaround.com이라는 홈페이지를 방문해줄 것을 독
려한다.

여기서 도미노 피자가 사용한 진정성 전략은 다음과 같다. 첫째, 도미노 피자는 고객들에게 솔직하게 다가갔다. 도미노 피자는 소비자들의 모든 부정적인 반응을 왜곡 없이 그대로 받아들였다. 그리고 겸허하게 그동안 심각한 문제가 있었음을 깨달았다고 이야기한다.

실제로 동영상을 보면, 도미노 피자의 제품 개발부에 있는 핵심 인력들이 회의실에 모여서 모니터를 통해 소비자들의 혹평을 보는 모습이 여과 없이 나온다. 그들의 표정에는 당혹스러움이 가득하다. 하지만 이내 그들은 "우리가 그동안 얼마나 잘못된 길을 가고 있었는지 몰랐다"라고 잘못을 인정하는 모습을 보인다. 즉, 도미노 피자는 초기 대응 전략에서 최대한 소비자들에게 진실된 모습을 보여주려는 노력을 기울였다. 새로운 피자 메뉴를 개발하거나 홍보하는 것이 아니라, 다큐멘터리 형태의 동영상을 만들어서 실제 제품을 만드는 핵심 인력들의 진솔한 모습, 그들이 적극적으로 피자 맛이 형편없었다는 것을 인정하고 사과하는 모습을 보여주었다.

둘째, 기업의 주도로 다양한 소셜 미디어 플랫폼들을 통해 고객들과 적극적으로 소통하려고 했다. 도미노 피자는 그들의 CEO와 제품 개발 핵심 인력들이 등장하는 첫 번째 동영상을 유튜브를 통해 내보냈다. 그리고 이 문제를 해결하기 위해서

pizzaturnaround.com이라는 독립적인 홈페이지를 운영했다. 그리고 트위터에 #newpizza라는 게시판을 개설한다.

도미노 피자의 변해가는 모습에 대해 홈페이지와 트위터를 통해 실시간으로 소비자들이 소감을 올리게 했다. 특히 pizzaturnaround.com 홈페이지를 통해 새로운 메뉴를 개발하는 데 소비자들이 적극적으로 의견을 개진할 수 있도록 했다. 그리고 고객들을 초청해 이전 피자의 문제점에 대해 의견을 듣고 새로운 메뉴에 대한 아이디어를 묻는 프로그램을 만들었으며, 그 과정을 담은 다큐멘터리 역시 공개한다.

셋째, 다시 진정성과 신뢰성을 얻어가는 과정을 회사가 아닌 소비자들의 반응을 통해 보여주었다. 회사가 자화자찬 격으로 어떻게 개선했다고 이야기하는 것보다는 소비자들이 직접 다양한 SNS 채널들을 통해 도미노 피자의 맛에 대해서 이야기하도록 했다. 소비자들에게 적극적으로 새로운 도미노 피자에 대한 솔직한 의견을 이야기해달라고 했고, 맛이 개선되는지 오히려 나빠지는지 이에 대한 의견을 솔직하게 홈페이지 게시판에 남겨달라고 독려했다.

또한 도미노 피자 개선 프로그램을 통해 새롭게 개발된 피자를 소비자들이 주문해서 맛보았을 때, 그들에게 주문한 피자의 사진을 찍어서 SNS 게시판에 올려줄 것을 적극적으로 장려했다. 소비자들에게 냉혹한 평가를 내려줄 것도 요청했다. 그들이 운영하는 홈페이지에 '고객들이 지금 저희들에 대해서 이야기하고 있는 것을 보세요See what people are saying right now' 기능을 만들어서 실시간으로 새로운 피자에 대한 소비자들의 반응을 알렸다. 좋은 이야기만 가려서 듣겠다는 것이 아니라, 부정적인 피드백 역시 꼼꼼하게 살펴보겠다는 진심 어린 태도를 엿볼 수 있다.

결과는 놀라웠다. 온라인 캠페인이 시작되고 나서 첫 번째 분기 매출이 14% 증가한다. 미국에서 가장 맛없다는 평가를 받았던 피자에 대한 사람들의 태도가 변한 것이다. 이후 지속적으로 매출이 증가세를 보였다. 2010년 영업 순이익이 두 배 이상 성장한다. 동시에 도미노 피자의 주가가 캠페인이 시작된 달에 비해 50%까지 증가하고, 이후 1년 이상 지속적으로 상승한다.

맛뿐만 아니라 도미노 피자란 기업을 향한 태도 역시 긍정적인 방향으로 변한 것이다. 온라인에서의 반응도 뜨거웠다. 유튜브에 공개된 도미노 피자의 공식 캠페인 비디오는 공개 직후 약 80만 명이 봤고, 운영한 트위터의 팔로워 역시 3만 명을 훌쩍 넘겼다.

도미노 피자의 사례를 현대기아차의 사례와 비교했을 때 큰 차이점을 발견할 수 있다. 도미노 피자는 문제가 발생했을 때 즉각적으로 진솔하게 잘못을 인정하는 모습을 소비자들에게 보여주었다. 또한 적극적으로 소비자들을 문제 개선 과정에 참여시켰다. 그 과정에서 나온 새로운 제품에 대한 비난을 감수하고 끊임없이 문제를 개선해나갔다. 그리고 모든 판단을 소비자들에게 맡겼다. 도미노 피자는 디지털 세상에서 적극적으로 진정성 전략을 구사했을 때 기업이 위기를 기회로 만들 수 있다는 점을 보여주었다.

소비자들은 자신들에게 실망을 준 기업이 잘못을 시인하고 적극적으로 사과하며 문제를 해결하기 위해 힘쓰는 진실된 모습을 지켜보면서 그 기업에 대해 잃어버린 진정성을 다시 느낄 수 있다.

디지털 시대, 진정성만이 고객들의 영혼을 감동시킬 수 있다

세계적인 경영학자인 필립 코틀러Philip Kotler는 《마켓 3.0》에서 디지털 시대를 맞이한 오늘날, 기업의 성공은 '진정성 있는 가치'를 제공한다는 믿음을 소비자에게 줄 수 있는지 그 여부에 달려 있을 것이라고 이야기했다.

그는 1.0 시장은 '소비자들의 이성'에 어필하던 시대로, 기업은 품질, 기술 등의 제품력으로 승부수를 던졌다. 2.0 시장에서는 '소비자의 감성'에 어필하는 것이 중요했다. 소비자들의 감성을 움직이는 세련된 디자인이나 높은 서비스로 다가가는 게 중요했다.

코틀러는 인터넷 시대의 도래와 함께 3.0 시장이 열렸다고 주장했다. 3.0 시장에서는 '영혼을 담은 가치'라는 모호하지만 고차원적인 개념이 중요하다고 말한다. 즉, 진정성을 담은 가치를 보여줄 수 있는 기업만이 소비자들을 감동시킬 수 있다는 것이다. 이제는 기술이나 디자인으로 제품 차별성을 보여주기 쉽지 않은 시대다.

지금 대중에게 사랑받고 있는 기업들은 독특한 진정성을 담은 가치를 보여주고 있다. 즉, 디지털 시대에는 진정성만이 고객들의 영혼을 감동시키고 그들의 마음을 움직여 제품을 사게 할 수 있다는 말이다.

그렇다면 진정성이란 어떻게 정의될 수 있을까?《진정성의 힘》의 저자인 제임스 길모어James H. Gilmore와 B. 조지프 파인 2세B. Joseph Pine II는 진정성을 "이익을 창출하기 위해 고안되거나 조성되지 않은, 자체의 목적을 위해 존재하는 고유한 형태"라고 정의했다. 쉽게 이야기하자면, 진정성이란 고객이 '이 기업이 단지 돈을 버는 것 이상의 어떤 목적을 달성하기 위해 노력하는 구나'라고 느낄 때 생겨나는 것으로 볼 수 있다.

중요한 것은 특정 브랜드나 제품의 진정성은 기업이 정하는 것이 아니라는 점이다. 기업이 진정성을 가졌느냐, 가지지 않았느냐는 고객이 판단하고 결정하는 것이다. 물론 기업이 적극적으로 진정성을 고객들에게 어필할 수 있다. 하지만 거기까지다. 기업이 아무리 진정성 있는 기업이라고 이야기할지라도, 고객이 그렇게 느끼지 않으면 그 기업은 진정성 있는 기업이라고 할 수 없다.

기업이 진정성을 얻을 수 있는 방식에 대해서는 다양한 의견들이 있다. 제임스 길모어와 B. 조지프 파인 2세는 진정성이 세 가지 원리에 의해서 얻어진다고 주장했다. 첫째, 기업이 진정하다면, 굳이 진정하다고 말할 필요가 없다. 둘째, 만약 기업이 진정하다고 말한다면, 진정한 모습을 보이는 것이 좋다. 셋째, 만약 기업이 진정하다고 말하지 않는다면, 진정한 모습을 보이기는 더 쉽다.

이 원칙에 따르면, 기업이 진정성을 얻기 위해서는 첫째, 소비자들이 진정성을 느낄 수 있는 요소들을 기업의 브랜드나 제품에 심는 것이 중요하다. 그러한 진정성의 요소를 제품이나 브랜드의 핵심 가치로 삼고, 소비자들이 진정성을 인정할 때까지 꾸준하고 일관성 있게 밀어붙여야 한다.

물론 이 과정에서 소비자들이 진정성을 자연스럽게 느낀다면 가장 이상적이다. 하지만 때로는 기업이 적극적으로 움직일 필요도 있다. 기업이 제품과 브랜드에 진정성의 요소를 심고 난 후 소비자들이 이러한 진정성을 느낄 수 있도록 만들기 위해서 둘째로 자연스러우면서 동시에 효과적으로 연출할 필요가 있다.

그렇다면 어떻게 소비자들에게 효과적으로 진정성을 연출해 보여줄 수 있을까? 주의해야 할 점은, 기업이 직접적으로 그들의 진정성을 광고 메시지의 형태로 내보내는 것은 좋지 않다는 것이다. 그것은 마치 스스로 '내가 이러이러해서 정직한 사람이요'라고 이야기하는 것과 같다. 때로는 그러한 잘못된 방법 때문에 기업의 진정성 가치가 훼손될 수 있다. 그렇게 직접적으로 이야기하기보다는, 소비자들이 진정성을 직접 체험할 수 있는 다양한 장치들을 마련하는 것이 좋다.

러쉬의 경우엔 매장에 방문한 사람들이 진정성을 느낄 수 있도록 다양한 체험의 형태로 많은 연출 장치들을 마련해두었다. 친환경 제품이라는 진정성 요소를 극대화하기 위해 각각의 제품은 과일, 채소처럼 매대에 개별 포장되지 않은 상태로 진열되어 있고, 소비자가 제품을 구매할 때 코팅이 되지 않은 신문지에 제품을 싸서 판매한다. 러쉬는 광고를 통해 직접적으로 기업의 진정성 요소를 이야기하지 않고, 매장 방문 고객이 체험을 통해 자연스럽게 기업의 진정성을 느낄 수 있도록 했다.

셋째로, 기업이 진정성을 얻기 위해서는 진정성을 경험한 고객들이 적극적으로 다른 고객들에게 그 진정성을 이야기할 수 있도록 만들어야 한다. 파타고니아의 경우, 운영하는 블로그를 통해 기업의 핵심적인 가치를 고객들이 자연스럽게 이야기하도록 만들었다. 핵심 고객들이 진정성에 대해 많은 이야기들을 만들어낼 수 있도록 온라인 고객 커뮤니티 플랫폼을 만들고, 그들이 끊임없이 브랜드 관련 이야기들을 할 수 있는 장치를 마련해두는 것이 좋다.

이처럼 진정성은 억지로 얻어지는 것이 아니다. 기업은 비즈니스를 꼼꼼하게 살펴보고 어떠한 진정성 요소들을 개발할 것인지 고민해야 한다. 그리고 진정성은 고객과의 '상호 교감'을 통해 자연스럽게 고객의 마음속에 들어가는 것이라는 점을 깨닫고 고객들과 끊임없이 소통하려는 노력을 기울여야 한다.

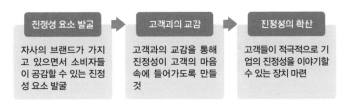

진정성 요소 발굴	고객과의 교감	진정성의 확산
자사의 브랜드가 가지고 있으면서 소비자들이 공감할 수 있는 진정성 요소 발굴	고객과의 교감을 통해 진정성이 고객의 마음속에 들어가도록 만들 것	고객들이 적극적으로 기업의 진정성을 이야기할 수 있는 장치 마련

고객과의 교감:
진정성을 자연스럽게
효과적으로 연출하라

고객이 브랜드의 진정성이 드러나는 것들을 직접 체험하게 만들어라

제품의 자연성을 강조하라

진정성을 지키기 위해 손해를 감수하고 있다는 것을 보여주어라

앞서 말했듯이 기업이 자연스러울뿐더러 효과적인 장치들을 이용해서 진정성을 고객이 손쉽게 느낄 수 있도록 연출하는 것이 필요하다. 진정성을 자연스럽고 효과적으로 연출하기 위해서는 첫째, 고객에게 진정성에 대해 설명하기보다는 고객이 자연스럽게 진정성을 느낄 수 있도록 하는 것이 좋다. 기업이 다양한 체험 장치들을 마련해서 고객이 가슴으로 진정성을 느낄 수 있도록 만들어야 한다.

둘째, 제품에 담긴 자연성이 드러나도록 하는 것도 한 가지 방법이다. 소비자들에게는 자연적인 것을 진정한 것으로 간주하는 경향이 있다. 다음의 단어들을 쭉 읽어보자.

'노릇노릇한', '무가공의', '천연의', '향토의', '간단한', '꾸밈이 없는', '자연의', '그대로의', '싱싱한', '개방적인', '텅 빈', '투박한', '바삭바삭한', '시골의' 등등.

심리학자들은 사람들이 제품을 봤을 때 이러한 단어들이 마음속에 떠오르면 자연스럽게 진정성을 느끼게 된다는 것을 발

견했다. 따라서 제품에 유기농 재료를 사용한다거나 제품이 투박하지만 가공되지 않은 느낌을 줄 수 있는 형태를 가졌다거나 또는 사람의 손때가 덜 닿은 상태의 느낌을 줄 수 있다면, 이러한 것들을 자연스럽게 드러나도록 연출하는 것도 고객들이 제품에 대해 진정성을 느낄 수 있도록 할 수 있는 좋은 전략이다.

스타벅스는 흙빛이 감도는 인테리어, 담백하지만 풍부한 커피의 향과 맛, 분위기 있는 음악, 자연스럽고 은은한 조명 채광, 흙, 공기, 불, 물의 자연적인 이미지가 담긴 소품 등 오감을 자극하는 다양한 것들에 자연성을 담으려고 노력한다. 스타벅스가 이러한 자연성을 강조하는 것은 결국 고객이 진정성을 느끼기를 바라기 때문이다.

셋째, 기업이 손해를 감수하고 있다는 것을 고객이 자연스럽게 느끼게 하는 게 좋다. 파타고니아의 '저성장anti-growth 이미지'가 바로 그 기업이 가진 진정성의 핵심 요소다. 프라이탁과 같은 기업이 손해를 감수하고도 5~8년 이상 된 트럭 방수포를 찾는 노력을 기울이는 것도 비슷한 원리다.

그렇다면 디지털 세상에서 진정성이 담긴 전략을 구사하는 것이 중요해진 이유는 뭘까? 첫째, 과거에 소비자들은 제한된 정보에만 접근이 가능했다면 이제는 인터넷을 통해 회사의 은밀한 부분까지 다룬 정보들을 쉽게 접할 수 있어 기업의 진정성 요소들이 진짜인지 가짜인지 확인할 수 있다. 가짜 진정성을 흘리고 다니는 기업들을 이제는 쉽게 구별할 수 있게 된 것이다.

또한 과거의 기업들은 실수를 소수의 오프라인 미디어를 통제함으로써 덮을 수 있었다. 지금은 그런 시대가 아니다. 이제는 영원히 감출 수 있는 비밀이라는 게 존재하지 않을지도 모른다. 담배 회사가 처음 생겼을 때 회사는 담배를 피우는 행위 자체가 소화를 촉진하고 목을 보호하는 데 도움이 된다는 주장을 펼쳤다. 의학적 지식이 없거나, 담배 성분과 관련된 정보를 접하는 데 어려움이 있었던 대다수의 사람들은 그 말을 믿었다. 지금은 거짓 광고를 만들면 금방 거짓말이 들통나서 엄청난 후폭풍을 맞아야 한다. 영원히 감출 수 있는 게 없다면 그리고 금방 들통날 거짓말이라면, 처음부터 하지 않는 게 낫다.

기업은 이 같은 환경에서 오히려 처음부터 진실하게 다가가는 것이 좋다. 현대기아차는 기업이 저지른 실수와 거짓말을 가볍게 생각해서 큰 화를 입은 경우다. 반대로, 도미노 피자는 실수를 빨리 인정하고 적절한 진정성 전략을 구사해 위기를 기회로 만들어낸 경우다.

진정성이 담긴 전략을 구사하는 것이 중요해진 둘째 이유는, 너무나 많은 거짓 정보에 둘러싸여서 피로감을 느끼고 있는 고객들이 많아졌기 때문이다. 인터넷을 통해 쏟아지는 정보들의 양에 피로감을 토로하는 사람들이 늘어나고 있다. '디지털 디톡스(디지털 기기와 거리를 두면서 인터넷 정보의 홍수에서 벗어나 심신을 치유하는 것)'가 최근 유행어 키워드로 떠오를 정도다.

정보의 양이 늘어나다 보니 고객들을 오도하거나 속이려고 시도하는 회사의 광고나 메시지도 늘어났다. 마케팅 잡지《애드위크AdWeek》와 광고 대행사 JWT의 설문 조사에 따르면, 응답자들의 84%가 그들을 기만하는 과대 광고가 지나치게 많다고 답했다. 이제 디지털 세상에서 소비자들은 기업이 이야기하는 것을 그대로 믿지 않는다. 그들은 기업이 만든 콘텐츠를 그대로 받아들이지 않고 의심하고 확인하는 과정을 반드시 거친다.

인터넷의 발달로 인해 정보 접근성이 매우 높아져서 클릭 몇 번만으로도 확인하는 절차가 간편해졌다. 만약 소비자가 기업의 이야기를 읽고 그 기업이 이야기하는 것이 진실이라는 것을 안다면 오히려 그 기업에 더 높은 점수를 주는 시대가 되었다.

셋째, 범지구적으로 가치 있는 일을 하는 진정성 있는 기업들에 관심을 가지는 고객들의 숫자가 폭발적으로 늘었다. 디지털 세상이 발달하면서 급속하게 세계화가 일어났다. 운송수단의 발달로 다른 지역으로 단시간에 이동하는 것이 가능하다는 의미의 세계화가 아니라, 각종 SNS의 발달로 다른 지역에서 이슈화하는 것이 실시간으로 또 다른 지역으로 퍼져 나갈 수 있다는 사회문화적 측면에서의 세계화가 가속화되었다.

사회문화적 측면에서 사실상 이제 벽은 사라졌다고 할 수 있다. 이로 인해 디지털 시대의 사람들은 주변의 일뿐 아니라 글로벌 차원에서의 문제에 민감하게 반응하고, 자신의 의견을 적극적으로 SNS 플랫폼들을 이용해 피력한다. 디지털 세상에서는 지역을 넘어서 범지구적으로 가치 있는 일을 중요하게 생각하는 문화가 자연스럽게 만들어졌다.

매일매일 수천만 명의 사람들이 지금 이 순간에도 '아프리카의 물 부족 사태', '유럽 난민', '지구 온난화'와 같은 범지구적인 현상에 대해 그들의 의견들을 SNS에 피력하고 있고, 수많은 사람이 서로서로 의견을 읽고 '좋아요'를 누르거나 '팔로워' 버튼을 누르고 있다. 이러한 상황에서 자연스럽게 사람들은 어떤 기업이 이윤 추구 행위를 넘어서서 범지구적인 사회문제에 관심을 가지는지 살펴보기 시작했다. 이러한 범지구적인 사회문제에 관심을 보이는 기업은 진정성 있는 기업으로 높은 평가를 받고 그 기업이 판매하는 제품들이 사랑을 받는다. 이는 파타고니아, 러쉬, 프라이탁과 같은 '친환경주의적 가치'를 핵심으로 여기는 회사가 지속적으로 성장하는 이유다.

넷째, 디지털 세상에서는 누리꾼들이 적극적으로 자신들의 목소리를 내려고 노력한다. 그들은 진정성 있는 기업들에 대해서는 적극적으로 기업을 옹호하는 발언들을 담은 UGC^{user generated content}를 만들어서 긍정적인 입소문 효과를 낸다. 심지어 기업이 나서지 않았는데도 그 기업을 위해 대신 홍보 UGC를 만들어주는 경우도 있다.

진정성을 고객들에게 획득하는 데 성공한 기업들은 광고에 큰돈을 쓰지 않는 경우가 많다. 러쉬나 파타고니아 같은 기업들은 그들의 매출액에 비해 광고 비용이 극히 적다. 그 이유는 고객들이 적극적으로 다양한 형태의 UGC를 만들어서 기업을 홍보해주기 때문이다.

반대로 진정성을 얻지 못하고 오히려 진정성이 없어 보이는 기업의 경우, 누리꾼들은 적극적으로 기업을 비난하는 UGC를 만든다. 누리꾼들은 진실성 없이 자신들을 기만하는 회사에 대해 가혹할 정도로 혹독한 태도를 보여준다.

이러한 변화된 환경에서 오늘날의 디지털 세대들은 제품의 가격, 품질 이상으로 회사나 회사의 제품이 가지는 진정성을 중요한 구매 결정 요인으로 생각한다. 그렇다면 구체적으로 어떠한 기업들이 디지털 세상에서 진정성 요소를 효과적으로 활용해 성공적인 사례를 만들었는지 살펴보자.

03

도브가 여성들에게
가장 신뢰받는 기업이 된 비결

효과적인 진정성 전략 1 – 광고 캠페인 전략

왜 100명의 여성 중 오직 3명만이 자신이 아름답다고 생각하게 되었을까?

도브는 '아름다움에 관한 의식 조사'라는 주제로 한국, 일본, 중국, 대만 등 아시아 10개국에서 15~45세의 여성 2,100명을 대상으로 설문 조사를 실시했다.

결과는 충격적이었다. 응답한 여성 가운데 오직 3%만이 스스로 아름답다고 생각한다고 답변했다. 100명 중 오직 3명만이 스스로의 외모에 대해서 긍정적인 평가를 내렸다는 말이다. 한국의 경우 더 심각하다. 한국 여성의 1%만이 스스로 아름답다고 생각한다고 응답했다. 99%의 여성들이 자신들이 가진 외모에 만족을 하지 못한다는 뜻이다. 그리고 절반 이상의 응답자들이 성형 수술을 고려할 정도로 자신들의 외모에 대해 만족하지 못한다고 응답했다. 비슷한 설문 조사에서 남자들의 경우 약 70% 이상이 자신의 외모가 괜찮다고 생각한다고 응답했으니 여성들이 자신들을 바라보는 미의 시각에 심각한 문제가 생겼음이 분명하다.

그렇다면 여성들의 자기 외모에 대한 이러한 저평가는 어디에 기인한 걸까? 심리학자들은 남성에 비해 여성이 미디어의 왜곡된 미적 이미지에 많은 영향을 받았기 때문이라고 이야기한다.

소비자들에게 물건을 사게 하기 위해서는, 문제 인식problem recognition이라는 심리적인 동기 요소가 활성화되어야 한다. 이 문제 인식은 '현재 자기의 상태actual state'와 자신이 이상적이라 생각하는 '이상적인 상태ideal state'의 거리가 벌어질수록 강하게 활성화하는 경향이 있다. 예를 들어, 아침에 일어나자마자 TV를 틀었는데 전지현이 등장하는 샴푸 광고가 나온다고 치자. 전지현의 비단결 같은 머릿결을 보니 '나도 저런 머릿결을 가지고 싶다'라는 생각이 무의식적으로 든다(내가 이상적으로 생각하는 머릿결, ideal state). 욕실에 가서 자신의 머릿결을 보니 상대적으로 더욱 푸석해 보인다(내가 느끼는 나의 머릿결 상태, actual state). 머릿결을 관리하기 위해 샴푸를 바꿔봐야겠다는 생각을 하게 만드는 것이다(문제 인식의 활성화).

그동안 수많은 미용 관련 회사가 마케팅 활동을 해오던 방식은, 끊임없이 여성들에게 '너 지금 문제 있어'라는 이야기를 하는 것이다. 별로 뚱뚱하지 않은 여성들에게 비쩍 마른 모델들이 등장한 광고들을 보여주면서 '너 지금 괜찮은 것 같지? 아냐, 봐봐. 너 이 사람들에 비하면 엄청나게 뚱뚱한 거야'라고 이야기한다. 즉, 여성들이 스스로 바라보는 '현재 자기의 상태'에 대한 시각은 낮추게 만들면서 동시에 그들에게 높은 '이상적인 상태'를 추구할 것을 요구하는 방향으로 문제 인식을 활성화한 것이다.

문제는 미용 관련 회사들이 보여주는 광고에 나온 이미지들이 실제 이미지와 다르다는 것이다. 곧 환갑이 되는 마돈나의 광고 속 사진을 보면 피부에 흠이 하나도 없어 보인다. 동네에서 피부 좋기로 유명한 중년의 부인이 백화점에 가서 마돈나가 나온 화장품 광고를 보면 '아, 많이 부족하구나. 더 관리해야겠어'라는 생각을 절로 할 것이다.

하지만 광고에서 사용된 이미지는 허상이다. 디지털 기술로 포토샵 터치를 한 것이다. 실제 마돈나의 보정 전 사진을 보면 당연히 얼굴에 세월의 흐름을 보여주는 주름이 있다. 그런데도 미디어를 통해 보이는 모습은 보정 후의 결점 없는 이미지들이다. 이러한 이미지들에 지속적으로 노출된 여성들은 자연스럽게 자신을 뚱뚱하다고 여기고, 자연스러운 아름다움을 가지고 있으면서도 스스로 못생겼다고 생각하게 된다.

도브는 미용 회사들이 사용하는 전통적인 비즈니스 방식에 전면적으로 반기를 든다. 그들의 주 고객인 여성들이 사회적인 문제를 야기시킬 수 있는 마케팅에 고통받고 있다고 주장하고, 평범한 여성들이 자연스러운 아름다움을 찾을 수 있도록 광고 캠페인을 벌인다. 그것이 바로 도브의 '리얼 뷰티Real Beauty 캠페인'이다.

"아름다움에 대한 여성들의 인식은 확실히 왜곡되어 있습니다No wonder our perception of beauty is distorted"라는 카피하에 '자연스러운 아름다움'을 지지하고, 미디어가 왜곡한 미의 기준으로 인해 자신의 아름다움을 평가절하한 여성들의 자존감 회복 운동을 시작했다. 그리고 자사의 뷰티 제품 광고에서 기존에 흔히 볼 수 있던, 마르고 비현실적인 외모를 가진 모델 대신에 평범한 사람들을 등장시킨다.

비정상적으로 마른 모델들만 기용하고 그런 모델들의 이미지마저도 보정을 통해 더 마르게 보이도록 하는 것으로 유명한 빅토리아 시크릿의 광고와, 자연스러운 아름다움을 보여주는 평범한 여성들을 내세운 도브의 광고는 SNS에서 비교되면서

여성들의 미에 대한 인식이 기업이 만든 광고에 의해 얼마나 왜곡되었는지 보여주었다.

또한 도브는 2006년에 '도브의 혁명Dove Revolution'이라는 유튜브 동영상을 제작했다. 이 동영상에서 평범한 여성이 모델로 등장해 메이크업 전문가와 포토샵 전문가들의 보정 기술의 도움을 받아 변신하는 모습을 보여주었다. 실제로 미디어가 보여주는 미가 얼마나 왜곡된 것인지를 폭로한 이 동영상은 유튜브에 공개되자마자 폭발적인 반응을 얻었다. 올린 직후 몇 시간 만에 100만 이상의 조회 수를 기록했고 몇 달 만에 1,400만 누적 조회 수를 기록할 정도로 큰 반향을 불러일으켰다. 이후 2013년 비슷한 주제로 만들어진 '리얼 뷰티 스케치Real Beauty Sketches' 유튜브 동영상은 당시 역대로 가장 많이 시청된 유튜브 광고가 되었다.

이외에도 '리얼 뷰티 캠페인'이 진행되는 동안 '도브 자존감 회복 재단Dove Self-Esteem Fund'을 설립해 미에 대해 가장 민감한 나이인 8~14세의 소녀들이 왜곡된 이상향과의 비교로 인해 불행해지는 악순환에서 빠져나와 스스로의 아름다움과 가치를 바라볼 수 있도록 도와주는 프로그램을 론칭했다.

이러한 도브의 캠페인은 주 고객인 여성들에게 큰 지지를 얻었다. '리얼 뷰티 캠페인'이 론칭되기 전까지 연간 매출액이 약 20억 달러 정도였으나, 캠페인 론칭 이후 연간 매출액이 40억 달러로 두 배 이상 늘었다. 더 중요한 것은 이러한 캠페인의 결과로 도브가 '여성들이 뽑은 가장 신뢰할 수 있는 기업'이 되었다는 것이다.

도브는 사회적인 문제를 해결하면서 진정성 있는 기업이란 이미지를 얻었다. 도브의 사례는 기업이 어디서부터 자신의 브랜드와 관련된 '진정성 요소'를 찾을 것인가에 대해서 하나의 좋은 해답을 제공한다.

04

왜 러쉬는 과일과 채소를
팔듯이 화장품을 팔까

효과적인 진정성 전략 2 – Un– 전략

**왜 러쉬는
과일과 채소를 팔듯이
화장품을 팔까?**

러쉬^{Lush}는 히피 같은 삶을 사는 영국인 부부 마크 콘스탄틴

Mark Constantine과 모 콘스탄틴^{Mo Constantine}에 의해 만들어진 화장품 브랜드다. 러쉬의 모든 제품은 자연 친화적으로 만들어진다. 러쉬의 대표적 제품인 비누 역시 마크와 모가 그들이 살았던 마을의 작은 슈퍼마켓에서 사온 과일들을 비누에 넣어 섞어보면서 태어났다.

러쉬는 '친자연주의 핸드메이드'란 브랜드 이미지를 통해 소비자로부터 진정성 있는 기업이라는 이미지를 얻었다고 할 수 있다. 러쉬는 제품 제조, 유통 및 포장에 이르기까지 '친자연주의 핸드메이드'란 브랜드 가치를 고수하고 이를 적용하는 것으

로 유명하다. 모든 제품들은 마크와 모가 회사를 창립할 때 구상한 대로 과일, 채소 등의 원료에서 추출한 친환경적인 성분으로 만들어진다. 더불어 모든 제품을 식자재를 대하듯이 다룬다. 실제로 러쉬의 공장은 팩토리factory라고 불리지 않고 키친kitchen이라고 불린다.

천연 원료를 통해 만들어졌다는 것을 고객들이 잘 느낄 수 있도록 제품에는 말린 살구, 건포도 등이 그대로 표면에 드러난 형태로 만들어진다. 매장에 방문한 고객들은 그러한 제품 표면을 만져봄으로써 제품 자체가 천연 원료로 만들어졌다는 것을 자연스럽게 알게 된다. 또한 모든 용기에 제조자의 정보와 캐리커처가 표시된 스티커를 부착하고, 사용되는 모든 글자에는 손글씨체를 적용해 제품의 친환경적인 이미지를 극대화했다.

그리고 제품을 판매할 때 가능한 한 '전혀 포장되지 않은 상태'로 판매한다. 과일이나 채소는 신선함을 강조하기 위해 포장이 안 된 상태로 진열되는 경우가 많다. 이와 비슷한 콘셉트로 비누 제품은 마치 과일이나 채소가 진열된 것처럼 제품이 포장되지 않는 상태로 테이블 위에 놓여 있다. 이러한 러쉬의 마케팅 전략을 'Un~(하지 않는)' 전략이라고 부르기도 한다. 즉, 가능한 한 모든 제품을 포장하지 않고Un-wrapped, 병에 넣지 않고^{Un-bottled} 그리고 코팅이 되지 않은 백^{Un-coated bag}에 싸서 판매하자는 게 러쉬의 비즈니스 전략이다.

예를 들어, 강남역에 위치한 러쉬 매장에 비누를 사기 위해 들어가면 다른 일반적인 화장품 가게와는 달리 비누가 마치 치즈 덩어리처럼 포장되지 않은 상태로 테이블 위에 놓여 있는 것을 보게 될 것이다. 점원에게 비누를 구매하기 위해 왔다고 하면, 점원은 "몇 그램을 드릴까요?"라고 묻는다. 만약 100그램(일반 비누 크기)을 달라고 하면, 점원은 칼로 큰 덩어리의 비누를 자르고 무게를 잰 다음 코팅이 되지 않은 종이에 싸서 줄 것이다.

이 모든 절차를 눈앞에서 보게 되는 고객들은 무엇을 느낄 수 있을까? 바로 이 회사가 이야기하고 있는 것들에 대한 진정성을 느끼게 될 것이다. 친환경적인 제품이라고 입으로 떠드는 회사들은 많다. 길거리에 입점한 대부분의 화장품 브랜드들 모두 친환경적인 제품을 판다고 말한다. 그게 트렌드를 따르는 것이기 때문이다. 하지만 실제로 고객이 매장에 방문했을 때 그 말에 진정성을 느낄 수 없다.

러쉬는 다르다. 판매하는 방식에서 (Un-전략을 통해) 환경에 좋지 않은 것들을 다 덜어냄으로써 고객들에게 가능한 한 친환경적인 제품을 만들려고 노력하고, 실제로 친환경적인 판매 방식을 유지하려고 최선을 다한다는 것을 보여준다. 이쁘고 알록달록한 패키지에 담긴 화장품들은 보기가 좋다. 하지만 러쉬는 투박한 방식으로 판매함으로써 오히려 브랜드가 가진 진정성을 보여준다.

이처럼 러쉬는 제품을 식자재 다루듯 진열하는 방식, 제품 표면에 친자연주의 원료들이 보이도록 만드는 방식, 그리고 'Un~' 전략의 판매 방식을 통해 적극적으로 그들의 브랜드가 가진 진정성을 드러낸다. 특히 고객이 진정성을 직접 체험할 수 있도록 다양한 장치들을 마련해두었다.

디지털 시대의 진정성 전략에서 중요한 것은, 브랜드가 가진 진정성을 고객에게 전달하고 진심으로 감동받은 고객들이 자신들의 SNS에 브랜드의 진정성이 담긴 이야기들을 열심히 말하게 하는 것이다. 러쉬는 고객 스스로 진정성이 담긴 이야기를 하도록 고객의 체험을 극대화시키는 마케팅에 집중한다. 멋진 광고를 만드는 데 돈을 쓰는 대신에 고객이 러쉬의 진정성이 드러나는 다양한 체험을 하게 함으로써 체험 후 그들이 느낀 감정들을 자연스럽게 SNS에 올리도록 하는 데 힘썼다.

명동에 있는 러쉬 매장 앞에는 욕조가 놓여 있다. 그리고 점원들이 주기적으로 욕조에 러쉬가 판매하는 목욕 용품들을 풀어서 고객들에게 냄새를 맡아보도록 권유한다. 이렇게 매장 앞을 지나가거나 매장에서 나오는 고객들은 자연스럽게 러쉬 제품들을 접할 수 있다.

러쉬는 광고비를 많이 쓰지 않는 기업으로 유명하다. 대부분의 고객들이 다른 고객들의 제품 사용 후기와 같이 SNS에서 추천하는 글을 보고 제품을 알게 되고, 그러한 계기로 처음 매장을 방문하는 경우가 많다. 또한 러쉬의 매장을 방문한 사람들은 고객 체험을 통해 비싼 가격에도 불구하고 러쉬의 제품을 신뢰하고 그 제품을 계속 쓰게 된다.

이는 러쉬가 단시간에 50여 개국에 900여 개의 매장을 보유한 글로벌 화장품 회사로 성장할 수 있었던 비결이다. 러쉬는 진정성을 느끼는 수많은 충성 고객을 바탕으로 1995년 창립 이후 연평균 10%씩 성장했고, 2013년에 8,000억 원의 매출액을 달성했다.

좋은 일을 하고 있다면 굳이 감출 필요는 없다. 세련되게 연출해서 미덕이 더욱 부각될 수 있도록 하는 것이 좋다. 기업이 환경문제나 사회문제에서 긍정적인 활동을 하고 있다면 이 점을 부각시키는 방향으로 전략을 짤 필요가 있다.

05

LG, 마케팅
대신 해드립니다
적극적으로 칭찬하게 만들어라

**왜 대학생들은 과자로 만든
뗏목을 타고 한강을 건너는
이벤트를 강행했을까?** 2014년 9월 28일 대학생 2명
이 '과자로 만든 뗏목'을 타고
한강을 횡단했다. 과자로 뗏목을 만들다니? 왜 대학생들은 이
다소 황당해 보이는 이벤트를 강행했을까? 사건의 시발은 다
음과 같다.

2013년부터 몇몇 과자 회사들이 만든 질소 과자 때문에 대
한민국이 시끄러웠다. 질소 과자란 과자가 부서지지 않도록 넣
은 충전재인 질소의 양이 과자의 양보다 지나치게 많은 과자를
비꼬는 인터넷 용어다. 몇몇 과자 회사들이 과자의 가격은 계
속 올리면서 정작 과자의 양은 늘리지 않고 충격 보호나 산화
방지 역할을 하는 질소의 비중을 높이기 시작한 것이다.

이러한 행위는 결국 구매하는 소비자들을 속인 꼴이었다. 만약 원가 재료 상승으로 인해 과자가 적게 들어갈 수밖에 없었다면, 포장지를 줄이는 게 맞다. 질소만 가득 든 과자를 파는 것은 고객을 속인 진정성 없는 행위였다.

이러한 질소 과자 문제에서 가장 적극적으로 대응한 이들이 누리꾼들이었다. 디지털 세상에서 누리꾼들은 진정성을 가진 기업에 대해 적극적으로 긍정적인 입소문 효과를 낸다면, 반대로 진정성이 느껴지지 않는 기업에 대해서는 적극적으로 부정적인 입소문 효과를 낸다.

질소 과자에 대한 논란은 각종 인터넷 커뮤니티에서 재미있는 형태로 표현하는 데서 시작되었다. 한 누리꾼이 '한국에서는 과자 봉지를 구명보트로 쓰고 있습니다'라는 글과 함께 질소가 가득 들어서 마치 구명조끼 역할을 하는 듯한 대용량 새우깡을 안고 수영장에 떠 있는 자신의 모습을 찍어 올린다. 이외에도 수많은 누리꾼들이 과자 봉지로 만든 구명조끼, 튜브, 에어백 등 웃음을 유발하는 다양한 UGC를 만들어 인터넷에 올린다.

각종 SNS 게시판에 질소 과자를 파는 회사들을 비난하는 목소리가 커져갔지만, 과자 회사들은 적극적으로 사과하는 모습을 보이지 않았다. 이러한 과자 회사들의 반응에 누리꾼들은 더욱 분노했고 더 적극적으로 질소 과자를 비난하는 이벤트를 만들어나갔다.

그중 하나가 질소 과자로 뗏목을 만들어 한강을 건너는 이벤트였다. 몇몇 누리꾼들이 봉지 과자로 만든 보트로 한강을 건너자는 의견을 인터넷 커뮤니티에 내놓는다. 실제 2014년 9월 28일 대학생들 몇 명이 모여서 과자 160봉지로 뗏목을 만들어 한강을 건너는 데 성공한다.

당연히 이 웃기지만 의미 있는 이벤트에 많은 사람의 관심이 집중된다. 국내 뉴스에서 이 이벤트를 보도했고, 심지어 해외 뉴스에까지 소개된다. 한강을 건너는 데 사용된 뗏목의 이름은 '고잉창렬호'였다. 이 '고잉창렬호'는 대학생들이 좋아하는 만화 〈원피스〉에 등장하는 해적선 '고잉메리호'와 포장에 비해 적은 양으로 비난받았던 즉석 식품 브랜드 '김창렬의 포장마차' 두 단어를 조합해 만들어진 이름이다.

세븐일레븐의 PB$^{private brand}$ 상품 '김창렬의 포장마차' 역시 비슷한 이유로 오랫동안 누리꾼들에 의해 부정적으로 패러디되었다. 몇몇 누리꾼들이 SNS에 '김창렬의 포장마차'라는 즉석 식품이 비싼 가격에 비해서 양이 터무니없이 적고 음식의 맛도 형편없다고 올렸다. 이 즉석 식품을 사먹은 수많은 누리꾼이 이러한 의견에 동의하면서 '제품의 (높은) 가격에 비해 양과

질이 매우 형편없거나 과대 포장된 경우'를 가리키는 말로 '창렬스럽다'라는 인터넷 용어가 만들어진다. 역시 고객을 속이는 행위를 한 기업에 대해서 누리꾼들이 매우 적극적으로 대응한 경우라고 할 수 있다.

2009년에 만들어진 이 '창렬스럽다'는 용어는 지금까지도 계속 사용되고 있다. 심지서 누리꾼들은 '창렬스러운 제품'을 고객들이 사는 것을 방지하기 위한 모바일 어플리케이션도 개발하기에 이른다. 일명 '텐-창렬'이라는 앱을 다운로드하면 수많은 누리꾼들이 다양한 상품들을 평가해놓은 리뷰들을 읽을 수 있다. 이 앱에서 '창렬스럽다고 판단된 제품'들의 경우 '개손해'라는 다소 웃긴 분류표를 받고, 이 제품을 절대 구매하지 말 것을 강력하게 권유한다.

이러한 사례에서 알 수 있듯이 디지털 세상에서 활발하게 활동하는 누리꾼들은 진정성 없이 고객들을 속이는 기업들의 행위에 대해 적극적으로 대응한다. 때로는 이해할 수 없을 정도로 시간과 돈을 들여가면서(질소 펫목을 만드는 데 들어간 과자 비용만 30만 원이 넘는다) 그들은 진정성이 결여된 기업들을 비난하고, 그러한 비난을 가능한 한 널리 퍼트리려고 애를 쓴다. 이는 왜 디지털 세상에서 기업이 진정성을 얻기 위한 노력을 기울여야 하는가에 대한 답이 된다.

LG, 마케팅
대신 해드립니다

'LG 마케팅 흑역사' 이야기가 누리꾼들 사이에는 유명하다. 인터넷에 소개된 'LG 마케팅 흑역사'를 묶어서 책으로 발간해도 된다는 유머가 있을 정도다. 즉, 누리꾼들 사이에는 LG전자가 마케팅을 엄청나게 못한다는 인식이 있다.

대표적인 'LG 마케팅 흑역사'로는 '엘지폰 V10을 만들었는데, 번들 이어폰을 명품 브랜드로 유명한 AKG랑 손잡고 튜닝 버전으로 만들었으나 홍보를 하지 않았다', '최고급 고가 모니터에 들어가는 기능을 넣고도 실제 홍보는 안 했다' 등이 있다.

근데 가만히 보면, LG전자가 훌륭한 제품을 만들어놓고 홍보를 못한다는 의견이 대부분이다. 자연스럽게 누리꾼들 사이에 LG전자는 괜찮은 기업이나 홍보를 못해서 빛을 못 보고 있다는 분위기가 형성되었다. 특히 LG전자가 물건은 잘 만드나 '겸손하게 마케팅을 하는 기업'이라는 이미지가 생겼다. 고객들에게 LG전자가 진정성 있는 기업으로 비친 것이다.

2015년 말에 몇몇 누리꾼들이 적극적으로 LG전자 홍보팀 대신에 마케팅을 해주겠다고 나서게 된다. 한 누리꾼은 'LG, 마케팅 대신 해드립니다'라는 이름의 트위터 계정을 만든다. 그

는 "먼저 이 계정은 LG전자와 아무 관련이 없고 사사로운 개인 계정임을 밝힙니다"라고 선포한 뒤 지금까지 괜찮은 제품임에도 불구하고 LG전자가 적극적으로 홍보하지 않아서 묻힌 제품들을 하나하나 꼼꼼하게 리뷰하면서 홍보해준다.

이 사례는 기업이 적극적으로 진정성 요소를 밝히지 않더라도, 때로는 고객들 스스로 진정성 요소를 먼저 발견하고 적극적으로 그 진정성을 다른 고객들에게 알리는 경우가 있다는 것을 보여준다. LG전자의 사례는 진정성이 기업이 아니라 고객에 의해서 판단되는 것임을 일깨운다. 또 디지털 세계에서 얻은 진정성의 이미지가 얼마나 기업에게 긍정적인 영향을 미칠 수 있는지 보여준다.

Part 3

왜 귀찮아도
이케아를 좋아할까

/

소비자가 일하게 하는 공동창조 전략

THINK LIKE GOOGLE

01

네이버의
가장 큰 성공 비결은?

소비자의 힘을 빌려서 콘텐츠를 만드는 시대

우주에서 개미를 콧바람으로 떨어뜨려서 독도에 떨어졌는데 그 개미가 직접 배를 만들어서 강원도에 갈 확률은?

2010년 8월 한 누리꾼이 확률 계산 문제를 풀어달라고 다음과 같은 글을 올린다.

"우주에서 개미를 콧바람으로 떨어뜨려서 독도에 떨어졌는데 그 개미가 직접 배를 만들어서 강원도에 도착할 때 즈음 바람에 날려서 민들레 씨앗을 타고 드넓은 들판 한가운데 파묻혀서 민들레가 개미와 함께 피어나서 그 개미가 이수만 콧구멍에 들어가서 뇌 속으로 들어가 핏줄을 이빨로 끊어서 뇌출혈을 시키고 나왔더니 갑자기 김준수가 그 개미를 잘랐고, 김준수가 박유천한테 혼날 확률은?"

이 말도 안 되는 확률 문제에 "2.483461569184600962629
8060906422 X 10^{-42}"라는 답을 단 사람이 있다. 물론 이 사람은 해답을 도출하는 데 자신이 사용한 수학 공식들과 계산 과정 그리고 그러한 공식을 사용하게 된 과학적인 근거들을 상

질문자 인사 너넘이 천재임 할말이 없음 재미로 한건데........님은 중3인데 대체 뭐하시는 분?

우주에서 개미를 콧바람으로 떨어뜨려서 독도에 떨어졋는데 그개미가 직접배를 만들어서 강원도에 도착할때 쯤에 바람에 날려서 민들레 씨앗을 타고 드넓은 들판 한가운데 파묻혀져서 민들레가 개미와함께 피어나서 그 개미가 이수만 콧구멍에 들어가서 뇌속으로 들어가서 핏줄을 이빨로 끊어서 뇌출혈을 시키고 나왔더니 갑자기 김준수가 그 개미를 짤랏고, 김준수가 박유천한테 혼날확률

우선, 밑의 분 댓글을 제가 올려놨다 싶이, 완벽한 진공은 없습니다. 따라서, 개미는 추락할 수 있습니다 ^^

그럼, 개미가 독도에 떨어질 확률을 구해봅시다.

그 확률은 결국, (독도 면적)/(지구 면적) 이 됩니다.
지구 반지름을 6,378 km 라고 가정합시다. 또한, 완벽한 구라고 가정할 시, 지구의 겉넓이는

$$S = 4\pi r^2$$
$$= 51185932.5225 km^2$$

독도의 면적은 $185,524 m^2$ (국토해양부, 2009)

미터제곱을 킬로미터제곱으로 환산하면,

독도의 면적은 $\dfrac{독도\ 면적}{지구\ 면적} = \dfrac{0.185524 km^2}{51185932.5225 km^2}$

개미가 떨어질 확률은 $\dfrac{독도\ 면적}{지구\ 면적} = \dfrac{0.185524 km^2}{51185932.5225 km^2}$ 이므로,

$2.483461569184600962629806090 6422 \times 10^{-42}$ %

세하게 함께 올렸다. 농담 같은 질문에 진지하고 성실하게 답글을 다는 사람들이 있는 곳. 그곳이 바로 네이버 지식인 서비스다.

이 확률 문제에 답한 이는 수학, 통계학, 물리학, 기계공학

분야에서 주로 답글을 달아서 '초인(네이버가 만든 지식인 등급 중 하나)'이 된 누리꾼이었다. 2016년 4월까지 약 10만 명 이상의 지식인 이용자들이 이 답글을 추천했을 정도로 이 댓글에 대한 호응이 컸다. 단순한 재미를 넘어서서 수학, 물리학 지식을 총동원해서 다소 유머러스한 질문에 진지하고, 수리적으로 정확하게 답을 유도한 이 댓글은 왜 네이버의 지식인 서비스가 많은 사람들에 의해 이용되는지 보여준 하나의 모범 사례다.

이런 확률 문제 말고도 네이버 지식인에는 우리가 그냥 스쳐지나가다 궁금해하는 것들에 대해 질문을 던지는 경우가 많다. 라디오에 흘러나온 노래를 듣다가 제목이 궁금해서 가사의 일부분만 올리고 노래 제목을 물어보거나, 노래를 듣다가 가사를 검색해서 찾아보지만 찾지 못해서 질문을 올리는 경우도 많다.

예를 들어, 한 누리꾼이 전 세계적으로 유명한 요들송 중에 하나인 남아프리카공화국의 블레스 브릿지^{Bles Bridges}이 부른 〈Sy Leer My Om Te Jodel〉의 가사를 한글로 올려달라고 하자 다른 누리꾼이 꼼꼼하게 요들송을 듣고 들리는 대로 한글로 써서 답글을 달아 올린다. 사실 한글로 요들송 가사를 완벽하게 표현하기는 힘들다. 그래서 요들송의 경우 한글화한 가사를 검색해도 찾기 힘들다. 하지만 답글을 단 이는 화살표로 '음의 고

Q 요들송 가사좀 알려주세요 **40**
재질문 (새 답변을 기다리는 질문)

mybo**** 질문 149건 질문마감률 100% 2012.07.18. 08:54

△ **2,953**
답변 1 조회 65,753

Sy Leer My Om Te Jodel

이라는곡인데 가사랑 읽는법좀 알려주세요 ☀

의견 53   나도 궁금해요   신고

질문자 인사 정말 많은 도움 되었습니다. 나중에 또 질문해도 답변해 주실꺼죠?

Bles Bridges - Sy Leer My Om Te Jodel

에쿠 웨숙페나 입술칸바 아위요롤롤래잉 더 리책쿰비 요롤핵히 요롤레리히~
어웨커민보어 웹입폭퍼 수멘소수워스타 어 웨투달링 요메에르타두 웨스폭미빠

트이레민요민 요롤
요르레히로로헤레르히레레히히리리호로로으으이히리이히히이리리히히리리이리리~
아레이로호호호호호호봉보호봉보호호보홈보호보호보호봉보호봉보호호보홈호보호보호
홍보호보봉보호히리리~
아 레이로로호히호호호호호호로로리호호리로회리 요르레리롤으르로르레휠리리요르리~

디요팅반티르 벤달 박스마 오일스반트스푸르 세이힐메 옴 비 옴비옴드 스민트호롱
세이 베이숙히 후름 오픈 어 브액스판스트스캔 띤유킨반딩 뱅걸 바르 투이핀 서스롤랜

루푸리메룰헴비 요롤
요롤 요르레히로로헤레르히레레히히리리호로로으으이히리이히히이리리히히리리이리리~

(하이라이트)
아율레호✓✋✓호✓오✓호✓오✓호✓오✓호✓오✓호✓오✓호✓오✓호✓오✓호✓오✓호
✓오✓호✓오✓호✓요✓호✓오✓호✓오✓호✓요✓호✓오✓호✓오✓호✓오✓호✓오✓호✓오
✓호✓후✓리 아율레히✓✋✓에✓호✓오✓호✓오✓호✓오✓호✓오✓호✓오✓호리후리✓에
이로레이✓에이로레이레✓이히✓ 셸헴메이옴티 요르푸리 요르레히✓리레히✓레르로호롤레히✓리 에리레롤로
호후리✓ 아요레히✓✋✓오✓호✓오✓호✓오✓호✓요✓호✓오✓호✓오✓호✓오✓호✓오✓호✓오
롤레이✓히 아율레히✓빼✓호루르루르루으호요호✓호레히✓오우✓오우✓오후✓오레히✓리✓

160

저'까지 표시하면서 최선을 다해 친절하게 답글을 달았다.

확률 문제에 대한 대답과 요들송 가사에 대한 대답은 네이버 지식인 서비스 팀이 만들어서 올린 것이 아니라, 네이버 지식인 서비스를 이용한 사람들이 올린 것이다. 즉, 네이버가 지식 창출 생태계 시스템을 만들었지만, 그 속에서 지식을 만들어 가는 것은 네이버가 이용자인 누리꾼들과 함께 할 때 가능하다는 점에서 지식인 서비스는 디지털 시대의 대표적인 공동창조 co-creation 사례라고 할 수 있다.

디지털 시대 공동창조의 대표적 성공 사례, 네이버 지식인 서비스

네이버의 성공은 디지털 문화의 핵심 코드 중 하나인 공동창조를 비즈니스에 현명하게 이용한 데 기인한다고 할 수 있다.

전 세계 검색 엔진 시장에서 부동의 1위는 구글이다. 리턴 온 나우Return on now에서 발표한 2015년 전 세계 주요 국가 검색 엔진 점유율 자료를 살펴보면, 실제로 중국, 러시아, 한국 등 몇몇 국가에서만 구글이 시장 점유률 1위를 차지하지 못한다.

러시아의 경우엔 자체 검색 엔진인 얀덱스Yandex가 시장점유율 50% 정도로 1위를 차지하고 있지만, 시장점유율이 34%를 차지하는 구글과 큰 차이를 보이지 않는다. 중국의 경우 바이두Baidu가 1위를 차지하고 있다. 이는 구글이 중국 정부가 원하는 검색 결과 관련 사전 검열에 대해 협조를 거부한 것에 기인한다. 정치적인 이유가 크다고 할 수 있다. 유독 한국에서만 구글은 힘을 못 쓰고 있다. 2016년까지 시장점유율이 5% 미만을 유지하고 있다. 네이버가 시장점유율 80% 이상으로 압도적으로 구글을 앞서고 있다.

2014년 3월 세계적인 경제지 《이코노미스트》는 기사를 통해 네이버란 한국의 기업이 거대한 글로벌 포털 사이트인 구글과 야후을 물리친 비결을 분석하는 기사를 내놓았다. 네이버의 성공 요인들은 여러 각도에서 분석할 수 있지만, 《이코노미스트》에서 분석한 네이버의 가장 큰 성공 비결은 바로 지식인 서비스의 운영이었다.

네이버는 지식인이란 일종의 Q & A 서비스를 제공하면서 크게 성장했다고 해도 과언이 아니다. 네이버 지식인 서비스는 2002년 10월에 출범했다. 질문과 답변을 하면서 정보를 교류하는, 일명 지식 검색 서비스 제공 생태계 시스템을 의미한다. '누구나 쉽게 지식을 묻고 나눌 수 있는 서비스'로 탄생한 지식인 서비스는 2015년 10월 7일 부로 13번째 생일을 맞이하게 된다. 그동안 지식인에 등록된 질문 수가 1억 5,000만 개 그리

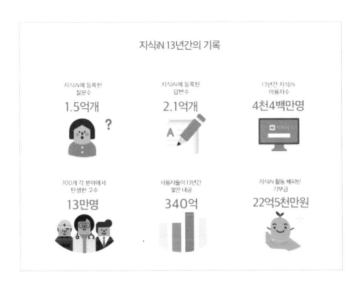

지식iN 13년간의 기록

지식iN에 등록된 질문수	지식iN에 등록된 답변수	13년간 지식iN 이용자수
1.5억개	2.1억개	4천4백만명

700개 각 분야에서 탄생한 고수	사용자들이 13년간 쌓은 내공	지식iN 활동 해피빈 기부금
13만명	340억	22억5천만원

고 등록된 답변 수가 2억 1,000만 개에 달하고, 우리나라 인구 숫자만큼의 사람들이 이 지식인 서비스를 이용했다고 하니 얼마나 많은 누리꾼이 열광적으로 이 지식인 서비스를 찾았는지 짐작할 수 있다.

2002년 지식인 서비스가 출범되기 전엔 국내 포털 사이트 시장에서 다음Daum이 우위를 점하고 있었다. 하지만 당시에는 지금처럼 검색 정보량이 많지 않았고 검색 엔진 시스템 자체가 정교하지 못했기 때문에 한글로 된 검색어를 사용했을 때, 누리꾼들이 원하는 검색 결과를 얻지 못하는 경우가 많았다. 네이버는 이 점에 착안해서 검색어를 통해 찾아도 나오지 않는 정보를 누구나 물어보고, 그 정보를 가진 사람이 답을 해주는 시스템을 만든다.

찾고자 하는 정보를 찾기 힘든 시기에 네이버 지식인 서비스에 가서 질문하면 어느 정도 답을 얻을 수 있다는 입소문이 퍼지면서 다음이 지배하던 포털 사이트 업계에 지각 변동이 일어난다. 당시 인터넷 이용자들이 충족하지 못한 니즈를 정확하게 파악하고, 그것을 해결해줄 수 있는 시스템을 적절한 타이밍에 제공해서 네이버는 빠르게 다음을 제치고 업계 1위에 등극하게 된다.

지식인 서비스에서 쏟아지는 질문의 종류는 제약이 없는 만큼 다양하고 광범위하다. '라식과 라섹의 차이점은 무엇인가요?'와 같은 의학 질문부터 '김태희와 결혼하려면 어떻게 해야 하나요?'와 같은 황당한 질문까지 매일 4만 4,000개 이상의 질문들이 지식인에 쏟아져 나온다. 그리고 11만 개의 새로운 답변들이 매일 쏟아지고 있다.

네이버가 지식인 서비스를 만들 때 크게 두 가지 문제가 있었을 것이다. 첫째, 정보의 양적인 측면으로 인해 발생할 수 있는 비용의 문제다. 사실 매 순간 쏟아지는 엄청난 양의 질문들을 네이버에서 직접 응대한다면 엄청난 시간과 비용이 발생한다. 전통적인 방식 중 하나인 콜 센터^{Call center} 방식에 따르면, 고객의 질문에 응답하는 건당 발생하는 비용이 평균 6달러 정도라고 한다. 물론 인터넷을 통한 고객 응대의 경우, 비용이 낮아지겠지만 매일 4만 개가 넘는 질문들에 일일이 대답하는 건 네이버에게 엄청난 부담일 것이다.

둘째는 지식의 한계 문제다. 설령 네이버가 모든 정보를 처리할 정도의 시스템을 만들었다고 하더라도 그들이 처리하지 못할 질문들은 반드시 생겨나기 마련이다. 4만 개의 질문에 정확하고 발 빠르게 적절한 대답을 할 수 있는 인적 자원을 마련하는 것은 거의 불가능하다고 할 수 있다.

앞서 사례로 든, 개미가 강원도에 갈 확률 같은 질문에 대답할 수 있는 사람은 매우 드물다. 또한 특정 질문들은 대답하기가 모호하다. 예를 들어, '김태희와 결혼하려면 어떻게 해야 하나요?'라는 질문에 네이버가 회사 입장에서 답글을 만들어서 제공하기란 불가능하다. 그렇다고 이러한 질문에 대답하지 않고 내버려둔다면 지식인 서비스를 이용하는 사람들이 줄어들 것이다.

네이버는 어떻게 이 문제를 해결했을까? 네이버는 현명하게도 디지털 시대의 소비자들의 성향을 정확하게 이해하고, 그들을 효과적으로 이용함으로써 궁극적으로 비용 문제를 해결했다. 지식인 서비스가 실제로 운영되는 방식은 철저히 디지털 시대의 공동창조 원리에 기초해 있다고 볼 수 있다. 네이버는 직접 질문에 답하는 대신 외부의 사람들과 그 일을 함께 해나가는 방식을 선택했다.

일반 인터넷 이용자들이 직접 매일 4만 개가 넘는 질문들에 응답할 수 있는 생태계를 구축했다. 네이버는 지식인 이용자가 질문을 등록할 경우, 회사에서 직접 질문에 답변하기보다 다른 이용자가 그 질문에 자발적으로 답변하도록 유도하는 형태로 지식인 서비스를 운영했다. 회사가 모든 것을 통제하고 자체적으로 답변 콘텐츠를 만들어가기보다는 적극적으로 외부인의 힘을 빌려서 콘텐츠를 함께 만들어갔다고 할 수 있다.

물론 고객의 힘을 빌려서 콘텐츠를 만들어가는 과정이 쉽지만은 않다. 네이버 입장에서는 인터넷 이용자들이 적극적으로 네이버 지식인에 참여하고, 답글을 다는 활동을 활발하게 하도록 유도하는 것이 중요하다. 네이버는 인터넷 이용자들이 이러한 활동들을 하도록 강제할 수 없다. 물론 금전적 보상 제도를 통해 이러한 활동들을 어느 정도 유도할 수 있지만 공동창조 작업을 외부로부터 이끌어내는 데는 한계가 있다.

그렇다면 네이버는 어떻게 성공적으로 인터넷 이용자들이 적극적으로 답글을 달도록 만들었을까? 첫째, 열심히 답글을 다는 사람들에게 사회 인정 보상^{social recognition reward}을 했다. 사회
인정 보상이란 그 사람이 달성한 것을 대중에게 공개적으로 알
리는 형태로 칭찬해주는 것을 의미한다. 내재적 보상의 대표적
인 형태로, 물질적 보상과는 달리 동기 자체가 순수하기 때문
에 한번 동기화가 되면 오랫동안 영향을 준다.

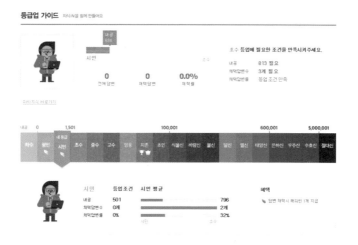

열심히 네이버 지식인에 응답하고, 많은 사람들에게 그 응답
이 좋은 응답이라고 추천받으면 '내공'이라는 전자화폐를 받을
수 있다. 이 화폐는 다른 용도로는 사용하지 못하고 오직 등급
을 올리는 데에만 사용할 수 있다. 네이버는 답변하는 사람의
응답 내용을 판별해 다양한 등급을 매기는데, 놀라운 사실은

수많은 이용자가 이 세계에서의 '신'이 되기 위해 성실하게 다른 이용자들의 질문에 응답하고 있다는 점이다.

또한 특정한 분야에 열심히 답글을 단 사람들에게는 명예지식인 전당에 이름을 올릴 수 있는 제도를 만들었다. 만약 한 인터넷 이용자가 '곤충류, 거미류'와 관련된 질문에 양질의 응답을 많이 달아 일정 등급 이상이 되면 '곤충류, 거미류' 분야의 명예지식인 전당에 자신의 이름을 올릴 수 있게 된다.

둘째, 어느 정도의 물질적 보상financial reward을 했다. 물질적 보상을 할 때 조심해야 할 것은, 만약 기업에게 아이디어를 주는 행위가 지나치게 물질적인 보상과 연계될 경우 많은 부작용이 생길 수 있다는 점이다. 누군가가 돈을 벌기 위해 의도적으로

퀄리티가 낮은 콘텐츠를 남발할 수 있고, 인터넷 이용자들끼리 뒷거래를 할 수 있기 때문이다.

이러한 점을 네이버는 잘 알고 있었다. 따라서 직접적으로 물질적인 보상을 하는 대신에 열심히 답글을 단 사람들에게 '지식활동대 후원제도'라는 시스템을 통해 전문 분야의 지식을 넓히는 데 도움이 되는 탐방 여행을 보내주었다. 즉, 물질적 보상을 하되 답글을 다는 목적이 그러한 물질적 보상을 받기 위

169

한 것이 되지 않도록 시스템을 구축했다.

실제로 물질적 보상을 받는 사람들은 돈 때문에 특정 분야에 열심히 답글을 단 것이 아니라 지식을 필요로 하는 사람들을 위해 답글을 달았고, 네이버가 더욱 열심히 좋은 답글을 달고 지식 공유를 해달라는 의미에서 자신들에게 지원하는 것으로 생각했다. 보상을 받는 사람들이 자연스럽게 더욱 열심히 활동할 수 있는 또 다른 내적 동력을 얻게 된 것이다.

셋째, 답글 다는 행위에 재미와 소통fun & communication의 의미를 부여하는 것을 잊지 않았다. 네이버는 사람들이 유익하고 재미있는 답글을 달고, 다른 사람들의 재미있는 답글도 보러 간다는 생각을 가지도록 만들었다. 실제로 몇몇 재미있는 답글들은 '레전드 지식인 답글'로 각종 커뮤니티에 소개되고 있고, 수많은 누리꾼들이 '성지 순례(인기 있는 게시물을 주기적으로 방문해 댓글을 남기는 것을 뜻하는 인터넷 용어)'라는 표현을 쓰면서 그 답글을 보기 위해 네이버 지식인 서비스에 들어가고 있다. 이처럼 답글을 다는 것을 일이 아니라 재미있고 다른 사람들과 소통하는 행위로 만들었다. 네이버는 인터넷 세계에서 이용자들의 성향을 깊이 이해하고, 그들을 효과적으로 자극해 그들이 기업에게 이득이 되는 방향으로 행동할 수 있게 유도하는 법을 잘 알고 있었던 것이다.

02

레고는 어떻게 무너진 블록을 새롭게 쌓아올렸을까

혁신을 가져다줄 인재를 밖에서 찾는 방법

**혁신은 당신의
회사 안보다는 밖에서
일어날 가능성이 크다**

"혁신은 어디에서나 일어난다. 다만, 당신의 회사 안보다는 회사 밖에서 일어날 가능성이 크다Innovation happens everywhere, but there is simply more elsewhere than here." 세계적인 경영 컨설팅 업체에서 일하는 론 골드만Ron Goldman과 리차드 가브리엘Richard Gabriel의 혁신에 관한 이야기는 디지털 시대 공동창조의 핵심 개념을 잘 설명한다.

과거에 많은 기업은 내부에서 혁신을 찾으려고 애를 썼다. 사실 구글, 애플, 페이스북과 같은 혁신적인 회사들이 아무리 훌륭한 인재들을 많이 보유하고 있더라도, 그 기업이 가지고 있는 핵심 인재들보다 훨씬 더 똑똑하고 혁신적인 사고를 할 수 있는 수많은 사람들이 회사 밖에 있다. 즉, 회사 내부보다는 외부에 혁신을 위해 쓰일 수 있는 자원들이 더 많다.

접점 이론Edge Theory에 따르면, 혁신은 회사 내부보다는 사실 접점에서 출연할 가능성이 훨씬 크다. 고객과의 접점에서 일하는 사람들, 산업과 산업의 접점에서 일하는 사람들이 혁신을 만들어낼 가능성이 크다는 말이다. 기업의 혁신과 부가가치 생성은 기업의 핵심 역량에서 나타나기도 하지만, 외부인들과의 접점 포인트, 즉 고객 또는 파트너사와의 소통에서 나올 가능성이 더 크다. 우리의 비즈니스에 혁신을 가져다줄 수 있는 인재는 밖에 더 많다. 이는 바로 디지털 시대 공동창조co-creation 이론이 주장하는 핵심 아이디어다.

디지털 시대 공동창조 전략의 관점으로 보면, 고객은 단순하게 기업의 상품을 구매하는 존재로 한정되지 않는다. 우리의 제품을 사랑하고 이용하는 고객이야말로 우리 제품에 혁신을 야기시킬 수 있는 아이디어를 가장 많이 가지고 있는 외부 인재다. 공동창조는 기업이 고객들로부터 새로운 제품이나 서비스의 아이디어를 얻고 함께 제품이나 서비스의 콘셉트를 만들어가는 것을 의미한다.

디지털 기기들이 발달하고, 다양한 소셜 미디어 플랫폼들이 만들어지면서 세상은 공동창조를 하기에 완벽한 장소로 탈바

꿈되고 있다. 과거 인터넷이 발달하기 전, 기업은 혁신을 도울 수 있는 외부 인재들을 파악하는 데 많은 시간과 노력을 들여야 했다. 기업의 혁신을 도울 수 있는 아이디어가 있는 개인도 마찬가지였다. 아이디어가 있지만 어떻게 기업에게 제안하고 그 아이디어를 설명해야 할지 막막했을 것이다. 그렇게 수많은 혁신 아이디어가 고객들의 머릿속에서 그냥 사라졌으리라.

지금은 다르다. 인터넷은 기업과 개인을 손쉽게 연결해준다. 인터넷을 통해 기업은 창의적이고 혁신적인 아이디어를 가진 개인들을 찾기 쉬워졌고, 개인 역시 그들의 아이디어를 가지고 기업과 소통할 수 있는 기회가 많아졌다. 이제 기업들은 핵심 고객들이 직접 운영하는 페이스북이나 블로그들을 찾아가서 그들이 SNS 게시판에 남겨둔 창의적인 아이디어들을 살펴보고 그 아이디어가 혁신적이라고 생각할 경우 SNS 메신저를 통해 그들과 접촉할 수 있다.

개인 역시 마찬가지다. 디지털 시대 공동창조 문화를 적극적으로 활용하는 기업들은 인터넷 기반의 공동창조 플랫폼을 만들어 창의적이고 혁신적인 아이디어를 가진 수많은 개인들을 불러모으고 있다. 이제 좋은 아이디어가 있다면 그러한 플랫폼에 가서 자신들의 아이디어를 회사나 다른 사람들 앞에 내놓기만 하면 된다. 디지털 세상은 창의적이고 혁신적인 아이디어를 공유하고, 그 아이디어를 함께 발전시킬 수 있는 완벽한 장소가 되고 있다.

기업이 디지털 시대 공동창조 전략을 효과적으로 구사할 경우 누릴 수 있는 세 가지 중요한 이점이 있다. 첫째는 함께 일하는 게 더 낫다better는 것이다. 회사가 수많은 고객들을 파트너로 인정하고 그들과 함께 제품, 서비스 그리고 콘텐츠를 만들어간다면 더 나은 결과물을 낼 수 있다는 것을 의미한다.

둘째, 함께 일하는 게 더 빠르다faster는 것이다. 기업이 디지털 시대 공동창조를 잘할 수 있는 플랫폼을 적절하게 구축할 때 수많은 신선하고 창의적인 아이디어들을 재빠르게 얻을 수 있다. 그리고 플랫폼을 통해 수많은 아이디어 중 당장 필요한 것들을 빨리 찾아내고, 이를 반영한 신제품이나 콘텐츠들을 재빨리 만들어낼 수 있다. 기업 혼자 이 모든 일을 하는 것보다는 수많은 소비자의 힘을 빌릴 때 시간을 단축할 수 있다.

셋째, 비용이 거의 들지 않는다cheaper는 것이다. 디지털 시대 공동창조는 비용 대비 효과가 가장 큰 방식이다. 공동창조를 위해 기업이 해야 할 것은 외부의 고객들로부터 좋은 아이디어를 효과적으로 뽑아낼 수 있는 디지털 플랫폼을 만드는 것이다. 플랫폼만 잘 만들어두면, 고객이 직접 찾아와서 그들의 이야기들을 다양한 형태로 풀어낼 것이다. 그중에 진주 같은 아이디어를 찾아내는 것 역시 플랫폼만 잘 구축한다면 기업이 직접 나설 필요 없이 고객들이 대신하게 할 수 있다.

디지털 시대 공동창조는 크게 두 가지 방식으로 이루어지고 있다. 첫째 방식은 기업이 고객으로부터 아이디어를 얻을 온라인 플랫폼을 구축한 후, 고객들이 생각하는 아이디어를 해당 플랫폼에 내놓는 방식이다. 기업이 고객들의 여러 가지 아이디어를 다양한 방식으로 리뷰한 후, 그중 제품화할 수 있는 것을 선택하는 방식이다.

둘째 방식은 기업이 온라인 플랫폼을 구축한 후, 고객들이 플랫폼에 콘텐츠를 채워나가는 방식이다. 즉, 기업은 플랫폼에서 고객들이 다양한 콘텐츠들을 만드는 것을 돕고, 고객들이 만든 콘텐츠들을 다른 고객들이 소비하도록 한다. 이 과정에서 얻은 이득은 콘텐츠를 만든 고객과 나눈다. 즉, 기업은 공동 작업을 통해 만들어진 수익을 고객과 나누거나 고객들에게 다양한 형태로 보상한다. 그렇다면 어떤 기업이 효과적으로 디지털 시대 공동창조 전략을 구사하고 있는지 실제 사례들을 통해 살펴보자.

**파산 위기에 몰린
레고는 어떻게 무너진 블록을
새롭게 쌓아올렸을까?** 어린 시절 누구나 한번쯤 갖고
놀았던 기억이 있을 만한 꿈의

장난감 레고. 사실 레고는 어린이들만 좋아하는 게 아니다. 수
많은 아이들이 어른이 된 후에도 계속 레고를 사랑한다. 구글
의 공동 창립자 래리 페이지는 고등학교 시절 직접 장난감 레
고 블록으로 완벽하게 작동하는 잉크젯 프린터까지 만들었고,
구글을 창립한 이후에도 새 직원을 뽑을 때 레고 블록을 활용
한 입사 시험 문제를 내기도 했을 만큼 레고광이다.

래리 페이지와 같은 수천 명의 레고 팬들은 전 세계 도시에서
매달 열리는 컨벤션에 모여드는데, 네덜란드의 '레고 월드'에서
열리는 행사의 경우 해마다 7만 5,000여 명의 레고 팬들이 참석
한다. '애플을 제외하고 레고만큼 열광적인 지지자들을 가진 브
랜드는 없을 것이다'라는 말이 거짓말처럼 들리지 않는 이유다.

각각 8개의 브릭을 가진 표준 레고 블록 6개만 있어도 9억
1,510만 가지의 조합이 가능하다. 그래서 영국 BBC는 〈토이
스토리〉라는 다큐를 통해 레고 블록이 '기하학과 수학 그리고
진실'을 담아낸 전 세계에서 가장 위대한 장난감이라고 칭송했
다. 이러한 무한한 상상력을 자극하는 다양한 조립 방식과 그
로 인해 발생하는 재미 때문에 레고는 오랫동안 조립 기반 장

난감 시장에서 엄청난 인기를 누렸다. 매년 발표된 새로운 장난감 세트는 선반에서 불티나게 팔려나갔고 회사는 끊임없이 성장할 것으로 보였다. 그러나 어느 순간 레고 왕국의 블록들에 금이 가기 시작한다.

첫째 사건은 1988년 상호 결속 블록에 대한 특허가 만료되면서 시작되었다. 이후로 모든 기업은 레고 로고만 쓰지 않으면 레고 블록과 호환되는 프라스틱 블록을 생산하고 판매할 수 있게 되었다. 돌기 및 원통 블록에 대한 특허가 만료되면서 오랫동안 유지된 레고 그룹의 독점에 균열이 생기기 시작했고, 이후 중국 저가 카피캣copycat 제품들이 쏟아져 나오자 레고 그룹에게 첫 번째 위기가 닥쳤다.

두 번째 위기는 디지털 시대의 도래와 함께 찾아왔다. 1990년대 비디오, 컴퓨터 게임이 등장하면서 아날로그 장난감 레고의 판매가 눈에 띄게 줄기 시작했다. 레고는 판매 부진을 극복하기 위해 비디오 게임 시장에 진출하고, 의류, 시계, 영화 등으로 사업을 다각화했다.

사업 영역과 제품군의 확대를 공격적으로 추진하자 단기적으로 매출이 상승하는 것처럼 보였다. 하지만 2002년 이후 레고의 매출은 다시 급락했고, 2003년, 2004년 대규모 적자를 기록하면서 파산 위기에 직면했다. 너무 외연의 확장에만 집착하고 정작 디지털 시대의 고객들이 무엇을 원하는지 깊게 살펴보지 않은 것이 이러한 위기를 불러온 원인이라는 게 중론이다.

2004년 10월, 레고 이사회는 근본적인 변화가 필요하다는 판단을 내린다. 레고 설립자의 후손인 크리스티안센 가족이 경영에서 한발 물러서고, 새로운 사령탑으로 전문 경영인인 외르겐 비 크누드스토르프를 임명함으로써 레고의 대대적인 변화가 시작되었다. 그 뒤 레고는 파산 위기를 극복하고 다시 성장할 수 있었다.

레고의 파산 위기를 극복할 수 있었던 여러 가지 요인이 있지만, 그중 가장 많이 언급되는 것이 고객과의 공동창조작업을 통해 혁신을 이루어냈다는 것이다. 레고는 오랫동안 수많은 팬들을 단지 레고 제품을 소비하는 사람들로 볼 뿐 창의적인 제품을 함께 개발하는 파트너라고 인식한 적이 없었다. 특허 침해를 둘러싼 수많은 분쟁으로 인해서 지적재산권을 지키는 데 대단히 민감했고, 이러한 이유로 외부의 고객들을 내부의 제품 개발 과정에 참여시키는 것에 매우 불편한 시각을 가지고 있었다.

또한 1990년대 후반 신속한 제품 출시가 강조되면서 제품 개발의 전권을 디자이너에게 부여한 것이 오히려 성과 악화의 주된 원인이 되었다. 제품들이 지나치게 몇 명의 디자이너 취향 중심으로 변질되어 대중의 취향을 반영하지 못한 제품들이 계속 만들어졌던 것이다.

레고는 고객을 향한 편협한 시각을 버리고 전 세계 수많은 레고 팬들을 핵심 자산으로 인식해 이들이 제품 개발과 개선에 적극적으로 참여할 수 있도록 참여의 장을 마련했다. 소수의 내부 디자이너 중심의 신제품 개발을 고객 참여 중심의 공동창조 방식으로 바꾸려는 노력을 기울였다.

특히 인터넷을 기반으로 한 공동창조 플랫폼을 만들어 적극적으로 고객들과 소통하려고 했다. 2005년에 'Design By Me'라는 홈페이지를 개설하는데, 고객이 이 사이트에 접속해 레고 블록으로 자신만의 제품을 설계한 후 주문하면, 실제로 제작해 고객에게 직접 배송해주는 서비스를 만들었다.

이후 2008년부터는 좀 더 적극적으로 다수의 고객들을 제품 개발에 참여시킨다. 고객들의 의견을 수집하고, 그중 괜찮은 아이디어를 선별해 상업용 제품으로 출시하는 'Lego Cuusoo' 서비스를 시작한다. 레고 사용자가 상품 아이디어를 등록하면, 다른 고객들이 아이디어의 완성도와 독창성을 평가하고, 이 아이디어가 1만 명의 지지를 얻으면 레고에서 내부적으로 제품화를 검토한다. 그리고 최종적으로 제품 아이디어가 채택될 경우 판매액의 1%를 로열티로 지급한다.

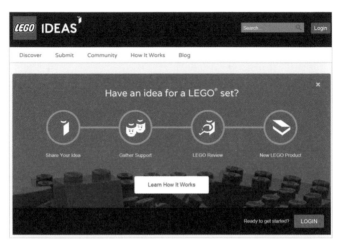

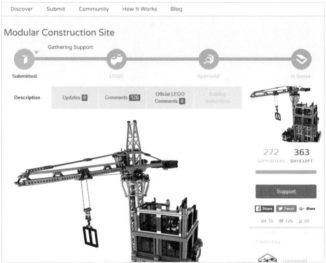

현재 Lego Cuusoo는 거의 동일한 시스템하에서 'Lego Ideas'로 새롭게 개편되어 운영되고 있다. 레고를 사랑한다면 누구나 자신의 아이디어를 손쉽게 홈페이지에 가서 제안할 수 있기 때문에 레고는 수많은 외부의 창의적인 사람들의 아이디어를 빠르게 확보할 수 있었다. 수많은 아이디어들 중 혁신적인 아이디어를 선택하는 과정에서도 고객과의 협업을 이뤄냈다. 고객 1만 명으로부터 지지를 받은 아이디어만 레고가 재검토하면 되는 시스템을 만들어 빠르게 불필요한 아이디어들을 쳐낼 수 있었던 것이다.

또한 선택한 아이디어들은 이미 상당히 많은 사람들의 관심과 지지를 얻은 상태이기 때문에 그 아이디어로 신제품이 출시되었을 때 실패할 확률 역시 줄어들었다. 실제로 신제품 베스트셀러들 중 상당수가 고객들에게 아이디어를 얻어서 만들어진 제품들이었다.

파산 직전의 레고 블록을 다시 쌓아올린 것은 레고를 사랑한 소비자들이었다. 레고가 고객을 단순한 소비자가 아닌 외부 인재로 보고 함께 제품을 만들어나갔을 때 혁신이 일어났고 다시 일어설 수 있었다. 레고의 이러한 성공은 디지털 세상의 공동창조를 완벽하게 이해하고, 기업 시스템에 그러한 문화를 완벽하게 흡수했기에 가능했다.

8개의 브릭을 가진 표준 레고 블록 6개만 있어도 9억 1,510만 가지의 조합이 가능하다는 것은 레고를 통해 만들어질 수 있는 창의적인 작품이 무한대라는 말이다. 아무리 레고 그룹에 전 세계에서 유능하고 뛰어난 레고 디자이너들이 있다고 해도 그들이 전 세계에 사는 수백만 명의 레고 열혈팬들보다 더 창의적인 제품 아이디어들을 만들어낼 수는 없다. 레고가 스스로 자기만의 성의 블록을 무너뜨리고, 새롭게 성 안으로 고객을 초대해서 함께 다시 성의 블록을 쌓아나가자 혁신이 일어났던 것이다.

03

디자이너가 없는 의류 회사라고?

효과적인 공동창조 전략 1 – 소비자가 아이디어를 내놓는 방식

사내 디자이너가 없는 의류 회사 스레들리스 의류 회사인데 내부 디자인팀이 존재하지 않는다. 이 말도 안 되는 시스템을 가진 의류 회사가 있다. 설립 이래 매해 폭발적인 성장을 지속하면서 매년 약 500억 원 이상의 매출 실적을 달성하고 있는 스레들리스^{Threadless}의 실제 이야기다. 스레들리스는 2000년 미국 시카고 출신의 20대 청년 제이크 니켈^{Jake Nickell}이 단돈 1,000달러를 출자해 만든 온라인 기반의 의류 제조 및 판매 업체다.

스레들리스의 성장에는 디지털 시대 공동창조를 바탕으로 한 혁신적인 사업 모델이 핵심으로 자리 잡고 있다. 스레들리스의 사업 모델의 핵심은 한마디로 이야기하자면 하나부터 열

까지 다 고객의 의해 혁신적인 제품 아이디어가 만들어진다는

것이다. 스레들리스의 웹 사이트 www.threadless.com에 가면 매주 일

종의 티셔츠 디자인 경연 대회가 열린다. 전문적으로 일러스트

레이터나 디자인 작업을 하는 전문가부터 취미로 디자인을 즐

기는 일반인, 디자인 전공 학생 등 티셔츠 디자인에 흥미가 있

는 누구나 웹 사이트에 자신의 작품을 올릴 수 있다.

참여자가 자신의 티셔츠 디자인을 올리면 보통 일주일 동안

스레들리스의 수백만 회원들에 의해 평가를 받게 된다. 스레들

리스 웹 사이트 회원들은 자신의 취향과 선호도에 따라서 5점을 만점으로 다양한 디자인 시안들을 평가한다. 평가 기간에 받은 점수들을 종합해 최고 점수를 받은 디자인 시안들 중 내부 심사를 거쳐 선택된 디자인으로 티셔츠를 생산한다.

이 세상에서 가장 다양한 종류의 옷 타입은 뭘까? 티셔츠다. 다양한 종류의 옷들을 취급하는 SPA 패션 브랜드 숍에 가보면, 바지나 원피스, 재킷과 같은 옷들은 종류가 그리 다양하지 않다. 하지만 티셔츠는 다르다. 유니클로와 같은 곳에서 파는 티셔츠 종류는 대략 평균 50~60가지에 이른다. 티셔츠의 형태는 간단하지만, 앞뒷면 여백에 다양한 디자인 그림을 넣을 수 있다는 점에서 가장 창의적인 형태로 표현이 될 수 있다.

티셔츠야말로 가장 다양한 디자인으로 만들어져야만 하는 옷이다. 아무리 의류 회사가 많은 디자이너를 보유하고 있다 하더라도 매주 만들어낼 수 있는 티셔츠 디자인 시안은 한정되어 있을 것이다. 이 단점을 완벽하게 극복해낸 것이 디지털 시대 공동창조에 바탕을 둔 스레들리스의 전략이다. 누구나 자유롭게 자신의 티셔츠 디자인 시안을 올릴 수 있기 때문에 매주 스레들리스의 웹 사이트에 올라오는 디자인이 1,000개가 훨씬 넘는다. 매주 1,000개 이상, 연간으로 5만 개 이상의 티셔츠 디자인이 웹 사이트에 올라온다는 의미다.

그리고 티셔츠 디자인은 다 독특하고 창의적이다. 매주 경연 대회에서 자신의 디자인이 수백만 명의 사람들로부터 좋은 점수를 얻어야만 선택될 수 있기에 아이디어를 제공하는 외부 디자이너들은 전에 보지 못했던 창의적이면서도 대중의 눈길을 끌 수 있는 디자인들을 만들려고 노력한다. 그런 이유로 일정한 퀄리티 이상의 수천 가지의 창의적인 티셔츠 디자인 시안들이 매주 웹 사이트를 통해 소개된다.

스레들리스 역시 고객들이 다양한 아이디어의 티셔츠를 적극적으로 홈페이지에 올릴 것을 장려하기 위해 다양한 전략적 장치들을 마련해두었다. 매주 경합을 통해 선정된 당선작의 주인공들에게는 2,000달러의 상금 및 500달러 상당의 스레들리스 상품권이 수여된다. 또한 자신의 아이디어로 만들어진 티셔츠가 매진돼 재생산에 들어갈 때마다 500달러의 추가 인센티브가 지급된다. 즉, 물질적인 보상을 통해서 고객들이 적극적으로 경합에 참여하도록 유도했다. 실제 실력은 뛰어나지만 대중에게는 알려지지 않은 많은 무명의 디자이너들이 경연 대회의 상금을 통해 기본적 생계를 해결하면서 자신의 작품 활동을 지속하는 것으로 알려졌다.

스레들리스는 이러한 물질적인 보상 이외에도 사회 인정 보상 역시 한다. 고객의 아이디어로 만들어진 티셔츠의 라벨 뒷면에는 고객의 이름이 새겨져서 판매된다. 실력 있는 많은 무명 디자이너들은 자신의 이름을 알리는 기회를 가지는 것이 매우 중요하다. 스레들리스는 이 점을 잘 알고, 실력 있는 무명의 디자이너들이 스레들리스 제품을 통해 함께 성장할 수 있도록 그들의 이름이 제품과 함께 알려질 수 있는 길을 열어주었다.

스레들리스는 고객 참여에 재미와 소통적인 요소를 넣는 것역시 잊지 않았다. 사실 패션 분야의 고객들은 다양한 옷들을 보는 것을 좋아한다. 인스타그램에서 의류와 관련된 사진들이 콘텐츠의 상당 부분을 차지하는 이유도 수많은 사람들이 다른 사람들이 입은 옷들을 보기 위해 인스타그램에 방문하기 때문이다.

많은 패션 잡지들이 향후 고전을 면치 못할 것으로 예상되는 것 역시 사람들이 인스타그램과 같은 사진 콘텐츠 중심의 SNS 게시판에서 최신의 트렌드를 반영한 옷들을 입은 다른 이들을 실시간으로 계속 볼 수 있어 굳이 한 달이란 시간을 기다려서 종이 잡지를 볼 필요가 없어졌기 때문이다. 그만큼 패션 분야에 사람들은 다양한 디자인의 옷들을 보는 것을 좋아한다.

고객들이 스레들리스 웹 사이트를 방문하면 기발한 티셔츠들을 매주 수백 가지 볼 수 있다. 즉, 고객들이 다른 사람들의 재미있는 티셔츠 디자인을 감상할 수 있고, 또 자신의 아이디어를 다른 사람들의 피드백을 통해 발전시킬 수 있다. 그렇기 때문에 스레들리스 웹 사이트는 자연스럽게 티셔츠를 사랑하고 새로운 티셔츠 디자인을 하고 싶어 하는 수백만 명의 사람들이 매일매일 방문하고 소통하는 장소가 되었다.

스타벅스를 위한 최고의 컨설팅 업체는 맥킨지가 아니라 바로 고객들이다

스타벅스는 2007년과 2008년에 경기 침체와 맞물려 급격한 매출 악화에 직면한다. 이러한 위기를 타개하기 위해 은퇴한 스타벅스 설립자 하워드 슐츠Howard Schultz가 CEO로 복귀한다.

그가 복귀하면서 가장 먼저 한 것이, 고객들에게 제공하는 서비스를 혁신적으로 바꾸기 위한 전략을 수립하는 일이었다. 내부 구성원이 아니라 외부의 도움을 얻어서 혁신적으로 바꾸길 원했다. 비슷한 많은 식음료 기업들이 당시 경기 침체에 직면했을 때 맥킨지와 같은 유명 컨설팅 업체에 서비스 혁신을 위한 컨설팅을 의뢰했다.

하워드 슐츠의 생각은 좀 달랐다. 그는 매장에 매일매일 들러서 커피를 마시는 고객들이야말로 서비스 혁신을 위한 진짜 아이디어를 가진 가장 적절한 컨설팅 파트너라고 생각했다. 그래서 그는 복귀 후 곧바로 '마이스타벅스아이디어 프로젝트'에 착수했다.

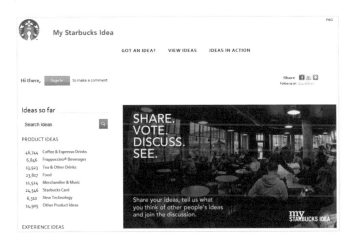

2008년 '마이스타벅스아이디어 www.mystarbucksidea.force.com'라는 공동창조 플랫폼을 만든다. 마이스타벅스아이디어 사이트는 스타벅스가 서비스 개선 방향에 대한 아이디어를 얻기 위해 고객들의 힘을 빌리는 곳이다. 고객들이 이해하기 쉽도록 플랫폼은 총 4가지 단계인 공유 Share, 투표 Vote, 토론 Discuss, 검토 See로 구성되어 있다.

첫째 단계인 공유 단계에서는 고객들이 자신들이 원하는 아이디어를 제공한다. 스타벅스는 주요 서비스 아이디어를 제품 관련 아이디어, 매장 내 서비스 관련 아이디어, 사회 참여와 관련된 아이디어로 분류하고, 각각의 아이디어 내에서 다시 세부 주제별로 아이디어를 그룹화했다. 고객들은 자신이 원하는 카테고리에 가서 자유롭게 아이디어를 제출하면 된다.

둘째 단계는 투표 단계다. 이 단계에서 고객들은 자유롭게 공유된 아이디어들에 대해 찬반 투표를 한다. 찬성은 +10점, 반대는 -10점의 선호도 척도로 반영되고, 고객들끼리 이러한 찬반 투표를 통해 좋은 아이디어들을 자연스럽게 선별하는 과정을 거치게 한다.

셋째 단계는 토론 단계다. 이 토론 단계가 사실 스타벅스의 공동창조 플랫폼에서 핵심 단계라고 할 수 있다. 첫째, 둘째 단계는 공동창조 플랫폼을 운영하는 다른 기업들과 크게 다르지 않다. 하지만 스타벅스는 다른 기업들과는 달리, 아이디어를 선별하고 좋은 아이디어를 뽑는 과정 자체도 중요하지만, 개별 아이디어를 놓고 고객들과 서로 이야기하는 소통의 과정 역시 중요하다고 본 것이다. 즉, 토론이라는 한 단계를 더 거침으로써 고객과의 소통을 강화하는 데 힘을 쏟는다.

이러한 태도가 왜 중요할까? 사실 마이스타벅스아이디어 사이트에 들어온 고객들은 대부분 스타벅스의 충성 고객일 가능성이 크다. 일반적으로 스타벅스를 가볍게 생각하는 고객들은 굳이 이러한 사이트에 찾아와서 자신들의 아이디어를 내놓지 않기 때문이다. 따라서 스타벅스는 이러한 공동창조 사이트에 찾아온 충성 고객들로부터 가치 있고 창조적인 아이디어들을 얻는 것도 중요하지만, 그들과 이러한 사이트에서 소통하면서 충성 고객 기반을 더욱 공고히 다지는 것도 중요하다고 봤다.

이 토론 단계에서는 개별 아이디어들에 대해 찬성과 반대의 입장을 표하는 것 이외에도, 댓글을 통해 좀 더 구체적인 추가 의견들을 고객들끼리 나눌 수 있도록 만들었다. 즉, 기존 의견에 구체성을 부여하고 부족한 부분을 보완할 수 있는 기회를 준 것이다. 물론 이 토론 단계에서 스타벅스의 운영진 또한 댓글 토론에 열성적으로 참여한다.

이 토론 단계를 통해 고객들은 자신들의 아이디어가 채택되지 못하더라도, 다른 고객들로부터 구체적인 생각들을 들을 수 있는 기회를 얻음으로써 자신들이 가치 있는 무엇인가를 했다는 느낌을 받을 수 있다. 또한 스타벅스가 고객 개개인의 의견에도 관심을 가지고 귀를 기울인다는 느낌을 받을 것이다. 고객이 내놓은 아이디어 중 쓸모없고 가치 없는 아이디어란 없다는 게 바로 스타벅스의 생각이다.

마지막으로 넷째 단계인 검토 단계 역시 고객과의 소통의 중요성을 다시 한 번 강조하는 형태로 운영된다. 현재 투표와 토론 과정을 통해 선정된 아이디어들이 무엇인지, 검토해보았지만 안타깝게도 실현되지 못한 아이디어들은 무엇이 있는지 그리고 그렇게 선택되지 못한 이유가 무엇인지 구체적으로 설명한다. 즉, 간단하고 때로는 멍청한 아이디어일지라도 스타벅스는 꼼꼼하게 살펴본다는 느낌을 준다. 많은 사람들에 의해 지지된 아이디어들은 구체적으로 어떻게 실행되었는지 이 역시 공유한다.

스타벅스의 이러한 공동창조 플랫폼에 대한 고객의 반응은 폭발적이었다. 수많은 고객들이 그들이 사랑하는 스타벅스의 서비스를 어떻게 향상시킬 수 있는지 이에 대한 다양한 아이디어들을 내놓았다. 시행 첫해에만 약 7만 건의 고객 아이디어가 제출되었고, 이후엔 연간 약 20만 건 정도가 제출되고 처리된다.

그중에 많은 아이디어가 실행되었고 몇몇 아이디어들은 큰 성공을 거둔다. 예를 들어, 상대적으로 까다로운 메뉴 주문자들을 위한 라인과 아메리카노처럼 간단한 주문만을 위한 패스트 트랙 라인을 만들어달라는 아이디어가 고객들로부터 나왔다. 큰 성공을 거둔 모카 코코넛 프라프치노^{Mocha Coconut Frappuccino} 역시 한 고객의 아이디어로부터 시작되었다. 지금은 대부분의 카페에서 실행하고 있지만, 북미에서 고객들에게 공짜 와이파이를 처음으로 제공한 카페가 바로 스타벅스였다. 복잡한 절차 없이 클릭 한 번으로 공짜 와이파이를 쓸 수 있도록 해준 것 역

시 한 고객의 아이디어였다.

커피를 들고 걸어다닐 때 커피가 튀어나와서 옷을 버리는 경우가 종종 생긴다. 테이크아웃을 할 때 커피가 튀는 것을 방지하기 위한 스플래쉬 스틱Splash Stick 역시 마이스타벅스아이디어에 제출된 한 아이디어로부터 만들어진 것이다. 이외에도 2016년까지 연간 약 70개의 창의적인 고객 아이디어들이 채택되어 실행되었다.

서비스 혁신을 외부 컨설팅 업체가 아닌 고객들로부터 만들어내고자 했던 하워드 슐츠의 전략에 즉시 효과가 나타났다. 마이스타벅스아이디어를 실행하고 2년 후, 경기 침체가 여전한데도 2010년 1월 스타벅스의 실적은 전년 대비 약 4% 이상의 증가세를 보였다.

사실 2007년과 2008년의 매출 감소는 경기 침체뿐만 아니라 매장 숫자의 확대에 초점을 맞춘 전략으로 인해 고객과의 소통을 통한 서비스 품질 향상 전략이 소홀하게 여겨진 데 있었다. 마이스타벅스아이디어의 플랫폼은 스타벅스에게 다시 고객 중심으로 운영되는 문화를 가진 기업, 고객의 목소리를 경청하는 기업이라는 이미지를 만들어주었고, 고객과 스타벅스의 관계가 다시 회복되는 계기를 마련해주었다.

스타벅스의 사례는 공동창조 방식을 효과적으로 운영할 경우, 고객들로부터 창의적인 아이디어를 얻을 수 있을 뿐 아니라 고객과의 깊은 수준의 소통 기회를 만들어낼 수 있다는 것을 보여준다. 고객들과의 소통이 중요한 서비스 업종의 경우, 공동창조 전략을 통해 소통을 이끌어내고, 좀 더 깊은 관계를 맺을 수 있기에 반드시 회사에 맞는 공동창조 플랫폼을 만들어 보는 것이 좋다.

이러한 방식 이외에도 기업이 인터넷에서 콘텐츠 서비스 플랫폼을 만들고, 고객들이 직접 콘텐츠를 만들어 판매하도록 하는 형태의 공동창조 방식이 있다. 이 경우에 고객은 콘텐츠를 함께 만드는 파트너가 아니다. 고객은 원하는 콘텐츠를 만들고, 기업은 그러한 콘텐츠를 잘 유통시키는 역할을 맡는다. 어떠한 기업들이 이러한 공동창조 방식을 통해 혁신을 이뤘는지 살펴보자.

04

유튜브, 아프리카TV는 어떻게 엄청난 수익을 낼 수 있을까

효과적인 공동창조 전략2 – 소비자가 콘텐츠를 만드는 방식

유튜브는 어떻게 엄청난 수익을 낼 수 있을까?　2015년 5월 유명 인터넷 BJ broadcasting jockey (개인 방송 진행자) 대도서관(본명 나동현)이 설립한 1인 기업 법인에 대기업 CJ E&M이 지분 투자와 함께 전방위적 지원을 하기로 약속했다는 기사가 나왔다. 인터넷 방송에 익숙하지 않은 많은 기성세대들은 대도서관이란 이상한 이름의 인터넷 BJ가 누구기에 대기업인 CJ E&M이 지분 투자를 감행했나, 의아했을 것이다. 하지만 인터넷에서 활발하게 활동하는 대부분의 젊은 SNS 이용자들에게는 이러한 뉴스가 그리 놀랄 만한 일이 아니었다.

대도서관은 자신의 유튜브 채널 구독자 수가 180만 명이 넘고, 자신이 만든 유튜브 동영상의 누적 조회 수가 10억 건이 넘는 유튜브 인기 스타다. 주로 유튜브에서 다양한 장르의 게임 플레이 실황을 생중계하는 BJ로 유명세를 탔다. 직접 게임을 플레이하면서 주요 캐릭터의 목소리를 실감 나게 연기하는 것으로 유명하다. 그리고 그는 유튜브 광고 수익으로만 월 몇 천만 원을 거둔다. 코카콜라, CJ 등 대기업의 광고에 출연하고 있고, 10대, 20대에게는 사실 웬만한 방송 연예인보다 더 인기가 많은 사람이다.

요즘 청소년들이 연예인 대신에 유튜브 스타를 더 선망하기 시작했다고 해도 과언이 아닐 정도로 유튜브 스타들의 인기가 하루가 다르게 높아지고 있다. 대도서관은 유튜브라는 인터넷 동영상 플랫폼을 바탕으로 활동하는 크리에이터 중 한 명이다. 유튜브에서 크리에이터는 동영상을 생산하고 올리는 사람들을 말한다. 유튜브는 콘텐츠를 직접 만들기보다는, 대도서관 같은 크리에이터들이 만들어낸 콘텐츠로 엄청난 수익을 얻고 있다.

유튜브는 동영상 콘텐츠를 확산시키는 소셜 미디어 플랫폼이다. 전 세계 인터넷 이용자들이 올리는 동영상 형태의 콘텐츠를 공유할 목적으로 만들어진 이 웹 사이트는, 2005년 2월에 채드 헐리, 스티브 첸, 조드 카림 세 사람에 의해 창립되었다. 이후《타임》에 의해 2006년 최고의 발명품으로 꼽혔고, 현재 매달 10억 명이 넘는 사람들이 유튜브를 방문해 다양한 동영상을 시청하고 직접 만든 동영상을 공유하고 있다.

유튜브의 영향력은 이미 지상파를 추월했다고 봐야 한다. 미국의 대표적 대중 잡지인 《버라이어티Variety》의 조사 결과에 따르면, 미국 10대에게 영향력을 끼치는 20명 가운데 최상위 5명이 모두 크리에이터라고 불리는 유튜브 1인 미디어 스타였다. 1위는 스모쉬Smosh라는 온라인 코메디팀이 선정되었고, 유튜브 스타가 아닌 할리우드 스타 중에서는 고인이 된 〈분노의 질주: 더 세븐〉의 주인공 폴 워커Paul Walker가 6위로 가장 높은 순위에 올랐다.

유튜브 스타들은 유튜브의 크리에이터들 중 인기가 많아서 수많은 팬을 거느린 사람들을 의미한다. 유튜브에서는 누구나 동영상을 만들어서 올릴 수 있는 만큼 모든 이용자가 크리에이터가 될 수 있다.

인터넷에는 유튜브를 대체할 만한 수많은 동영상 공유 사이트들이 존재한다. 유튜브가 계속 업계에서 부동의 1위를 차지하기 위해서 집중해야 하는 것이 뭘까? 그것은 바로 끊임없이 새로운 동영상 콘텐츠를 만들어서 제공해야 한다는 것이다. 끊임없이 새로운 동영상이 업데이트되어야 수많은 사람이 매일매일 새로운 동영상을 보기 위해 유튜브를 방문할 것이기 때문이다. 실제로 유튜브의 성공 요인은 다른 동영상 공유 사이트와 비교할 수 없을 정도로 다양한 동영상들을 보유하고 있다는 점이다.

그렇다면 유튜브가 직접 수많은 동영상 콘텐츠를 만들어 올릴 수 있을까? 그건 불가능하다. 지금 이 순간에도 유튜브에 매 분당 약 300시간 이상의 동영상이 올라오고 있다. 또 중요한 것은 영상의 질이다. 비슷한 동영상들이 많이 올라오는 것은 큰 의미가 없다. 시청자들이 쉽게 식상해져서 다른 사이트로 떠나버릴 것이기 때문이다. 지금까지 본 적이 없는 새롭고 신선한 동영상 콘텐츠들이 끊임없이 올라와야 한다.

방문하는 수많은 일반인이 그들의 일상을 담은 동영상을 사이트를 통해 공유할 테지만, 그것만으로는 부족하다. 유튜브가 지속적으로 성장하기 위해서는 TV 방송에서 나오는 콘텐츠 이상으로 방문객들의 눈길을 끌 수 있는 높은 퀄리티의 동영상이 필요하다.

유튜브가 아무리 뛰어난 인재들을 많이 기용해도, 그들이 매일매일 수많은 신선하고 창의적인 동영상들을 끊임없이 만들어 올릴 수는 없다. 따라서 유튜브에게는 기업을 대신해서 주도적으로 새롭고 신선하며 재미있는 영상을 올려줄 누군가가 필요한 것이다. 이 시점에서 유튜브는 외부의 인력을 이용해서 콘텐츠를 만드는 디지털 시대 공동창조의 원리를 비즈니스에 도입해 성공했다.

유튜브는 성공적으로 외부의 고객들을 이용해 새로운 동영상 콘텐츠가 끊임없이 업데이트되는 마르지 않는 샘물을 만들었다. 주도적으로 창의적이고 신선한 샘물을 끊임없이 공급하는 이들이 바로 유튜브 스타라고 불리는 핵심 크리에이터들이다. 즉, 유튜브의 가치는 끊임없이 수많은 이 핵심 크리에이터를 성공적으로 만들어냈다는 데 있다.

유튜브의 이러한 가치는 독특한 보상 시스템으로 구현된다. 유튜브는 본인들의 플랫폼을 활성화시키기 위해 이용자들이 적극적으로 동영상을 올릴 수 있도록 '파트너십' 제도를 만들었다. 즉 크리에이터가 자신의 순수 저작물을 만들어서 올리고 광고를 붙이기 원할 경우, 유튜브가 광고를 붙여주고 이 광고에서 나오는 수익의 일부를 크리에이터에게 나누어주는 것이 바로 파트너십 제도다.

크리에이터에게 광고 수익을 나누어주는 것은 그리 특별한 비즈니스 모델이라고 할 수 없다. 하지만 유튜브의 광고 수익 분배는 철저하게 저작권 보호를 기반으로 한다는 것이 중요하다. 100% 저작권을 소유한 콘텐츠에만 광고 수익이 날 수 있는 환경을 조성함으로써 저작권 분쟁이 일어날 소지를 막았다. 방송국이나 음반사와 같은 저작권자들은 유튜브의 '콘텐츠 ID'라는 기술을 이용해 자신들이 저작권을 가지고 있는 영상이나 음원을 유튜브에 등록하고 그 대신 유튜브로부터 저작권을 보호받는다.

또한 광고주로부터 받은 수익을 유튜브와 크리에이터 사이에 나누기 때문에 크리에이터들은 많은 사람의 눈길을 끄는 창의적이고 흥미로운 동영상들을 만들어 올리는 노력을 기울인다. 크리에이터가 새로운 양질의 콘텐츠를 많이 올리면 올릴수록 유튜브가 보유하는 콘텐츠의 숫자는 늘어날 것이고, 새로운 콘텐츠를 찾아 헤메는 수많은 시청자가 다시 유튜브에 방문하게 된다. 이는 유튜브가 지금까지 동영상 플랫폼 분야에서 부동의 1위를 차지하게 된 가장 큰 이유라고 할 수 있다.

이처럼 유튜브는 창의적이고 독창적인 콘텐츠를 크리에이터들이 끊임없이 만들어낼 수 있도록 금전적인 보상financial reward을 통해 적절하게 동기를 부여하는 시스템을 만들었다. 동시에 인기 있는 유튜브 스타들을 만들어내기 위해 적극적으로 크리에이터들을 지원했다. 연예인보다 유명한 크리에이터들이 끊임없이 만들어질수록, 그들의 팬들이 유튜브에 지속적으로 방문할 것이라는 것을 유튜브는 잘 알고 있다.

크리에이터는 단순하게 동영상을 만들어 올리는 사람 이상의 의미를 갖기도 한다. 크리에이터가 동영상을 매개로 자신들의 커뮤니티를 만들고, 그 커뮤니티가 수많은 시청자들을 팬으로 묶는다면 크리에이터는 유튜브 공간에서 커뮤니티 창조자의 역할 또한 하게 된다.

유튜브에서 크리에이터가 만든 동영상들을 모아놓은, 일종의 크리에이터의 홈페이지를 채널이라고 부른다. 만약 이용자들이 특정 채널에서 벌어지는 소식들과 업그레이드되는 동영상 정보들을 계속해서 자동으로 받겠다고 하면 '구독'이라는 옵션을 선택하면 된다. 이용자들이 특정 채널을 구독하면 자연스럽게 다른 구독자들과 커뮤니케이션을 할 수 있고, 커뮤니티에서 일어나는 다양한 행사들에 참여할 수 있다.

예를 들어 '씬님(본명 박수혜)'은 유튜브에서 독특한 메이크업을 하고 나와서 재미있는 입담으로 큰 인기를 끌고 있는 온라인 뷰티 미디어 스타다. 동영상 콘텐츠의 주된 내용이 '어떻게 하면 메이크업을 통해 예뻐 보일까?'와 같은 것이 아니라 독특한 메이크업과 관련한 팁을 알려주는 것이라 신선하다는 평을 듣고 있다.

그녀가 경복궁에서 황진이 메이크업을 주제로 동영상을 촬영하고 그 동영상을 본인의 채널에 올리는 식이다. 물론 메이크업 과정만이 아니라 포복절도하는 입담을 보여주는 것 역시

유튜브 크리에이터 어워드 기념 상패.

인기 포인트다. 현재 씬님이 운영하는 유튜브 채널의 구독자 수만 해도 150만 명이 넘고, 유튜브에 올린 동영상의 누적 조회 수 역시 수천만 건 가까이 된다. 성공한 크리에이터는 두터운 팬층을 보유하고 있는 유튜브 스타다.

유튜브의 입장에서는 꾸준히 유튜브의 방문을 유도하기에 채널의 구독자들을 늘리는 점이 중요하다는 것을 잘 알고 있다. 실제 채널 구독자는 비구독자에 비해 2배나 많은 동영상을 시청한다고 알려져 있다.

유튜브는 파트너십 제도뿐만 아니라 크리에이터들이 자신들의 채널에 많은 구독자들을 확보하는 것을 독려하기 위해 금전적인 보상이 아닌 사회 인정 보상 역시 하고 있다. 구독자가 10만, 100만이 되면 명예의 전당과 비슷한 유튜브 크리에이터 어워드^{YouTube Creator Awards} 프로그램에서 기념 상패가 수여된다. 즉, 유튜브 인기 크리에이터들이 정말 자신이 유명한 스타가 된 듯한 느낌을 줄 수 있는 기회를 부여하는 것이다. 이러한 사회 인정 보상 제도를 통해서 크리에이터들이 자신들의 채널 구독자들을 늘리기 위해 노력하도록 만들었다.

이처럼 유튜브는 크리에이터들이 끊임없이 플랫폼에 새롭고 창의적인 콘텐츠들을 만들어 올리도록 동기화하는 시스템을 전략적으로 구축해 전 세계에서 가장 영향력 있는 동영상 공유 플랫폼으로 성장했다고 할 수 있다. 크리에이터들은 유튜브가 그들에게 금전적인 보상을 하는 동시에 그들이 연예인 이상의 스타의 위치로 올라갈 수 있도록 도와주는 파트너라고 생각한다. 어느 한쪽의 이익이 아닌 함께 성장할 수 있다고 믿었기 때문에 그들의 공동창조는 지금의 결실을 맺을 수 있었다.

**평범한 대학생들이
아르바이트까지 하며
몇 백만 원짜리 별풍선을
터뜨리는 이유는?**

유튜브를 시작으로 세계 각국에서 현지화한 인터넷 동영상이나 방송을 제공하는 플랫폼들이 생겨나기 시작했다. 국내 시장에서 가장 두각을 나타내고 있는 인터넷 방송 플랫폼은 단연 아프리카 TV라고 할 수 있다. 아프리카 TV가 국내 최대의 인터넷 방송 플랫폼으로 성장할 수 있었던 데는 '별풍선'이라는 독특한 보상 시스템을 도입했기 때문이다.

2007년 11월 8일부터 첫 선을 보인 이 별풍선은, 방송 시청자들이 방송 커뮤니티(방송방) 운영자인 BJ에게 선물하는, 현금으로 환금할 수 있는 아이템을 의미한다. 2015년 아프리카 TV의 매출액은 약 600억 원, 영업이익은 약 80억 원이다. 별풍선 등의 아이템 판매로 인한 수익이 매출의 98%를 차지한다고 하니 별풍선 덕분에 지금의 아프리카 TV가 존재할 수 있다고 볼 수 있다. 달리 얘기하면, 외부 BJ들이 사실상 아프리카 TV 대부분의 수익을 만들어주고 있다는 말이다.

별풍선은 BJ가 만든 방송 채팅방에 입장한 시청자가 BJ에게 선물할 수 있는 일종의 기부금 형태의 시청료라고 할 수 있다. 이를 받은 BJ가 일정량이 모이면 현금으로 환전할 수 있다. 별풍선 1개의 가격은 약 100원이고 별풍선으로 벌어들인 수익은 BJ와 아프리카 TV 측이 일반 BJ의 경우에는 6:4, 아프리카 TV가 뽑은 베스트 BJ의 경우에는 7:3으로 분배한다.

시청자 입장에서는 재밌고 만족스러운 방송을 한 BJ에게 격려와 시청료 형태로 별풍선을 쏘는 것이다. 방송 환경을 제공한 아프리카 TV는 방송 플랫폼 관리와 수익 창출을 위한 중요한 아이템을 개발했다고 볼 수 있다. 이렇듯 양쪽 모두에게 도움이 되는 방향으로 별풍선 제도가 운영되었다.

아프리카 TV의 입장에서는 BJ가 스스로 열심히 방송하게 만드는 것이 중요하다. 아프리카 TV가 아무리 좋은 PD와 인력을 가지고 있더라도 매일매일 다양한 형태의 방송을 만들어내는 것은 불가능하다. 그리고 거대 방송국과는 달리 인터넷 방송국으로서는 다양한 방송 콘셉트를 자체적으로 만들기에는 여력이 없다. 따라서 비즈니스의 성공을 위해서는 외부의 일반 고객들이 적극적으로 BJ로 나서고, 이들 BJ가 좋은 방송을 하도록 만드는 게 중요했다. 아프리카 TV에게는 BJ들을 자연스럽게 동기화시킬 특별한 보상 제도가 필요했다. 그래서 만들어진 것이 바로 별풍선이라고 할 수 있다.

BJ의 입장에서는 방송에 대한 물질적인 보상이 별풍선을 통해 즉각적으로 나타나기 때문에 좀 더 적극적으로 고객과 소통하는 방송을 만들어내려고 노력했다. 이는 아프리카 TV가 성공하게 된 주요한 동력이다. 공중파 방송에서는 쌍방향 소통이 이루어지지 않는다. 즉, 시청자가 콘텐츠 제작에 개입할 여지가 매우 적다. 콘텐츠는 방송사 PD가 주관해 만드는 것이고 그것을 소비하는 것이 시청자다. 일방향적이고 고객과의 소통이 방송 콘텐츠에 실시간으로 반영될 수가 없다.

하지만 아프리카 TV에서 만들어가는 개별 BJ 방송은 시청자들의 적극적인 참여가 방송의 핵심 콘텐츠이고, 고객과의 실시간 소통으로 콘텐츠가 변해간다. BJ의 입장에서는 본인들의 수익원이 별풍선이기 때문에 방송에 참여한 사람들과 소통하는 데 중점을 둔다.

아프리카 TV 방송을 보다 보면, 별풍선을 10만 개, 20만 개, 30만 개 BJ에게 쏘는 경우를 가끔 본다. 즉 몇 백만 원, 몇 천만 원의 시청료를 BJ에게 선물하는 시청자가 존재한다. 이들 시청자들은 예상외로 수천억 원, 수백억 원대의 자산가들이 아니라 대부분 평범한 대학생이거나 직장인들이다. 자기가 좋아하는 BJ를 위해 아르바이트를 해가면서 돈을 모아 별풍선을 선물했다는 대학생의 사례가 대표적이다.

이같이 몇 백만 원에 달하는 별풍선을 흔쾌히 선물하는 현상은 오프라인 세계에서는 흔치 않은 일이다. 한 달에 몇 만 원 정도 하는 유료 케이블 TV에 돈을 쓰는 것도 아까워 좀 더 싼 케이블 TV로 옮기는 현상이 빈번한 것이 오프라인 방송계의 현실이다. 아프리카 TV에서는 한 번 방송에 만 원, 이만 원 이상의 별풍선을 쏘는 시청자가 너무나 많다.

그렇다면 왜 이들은 오프라인 세계와는 달리 온라인 세계에서 흔쾌히 자발적으로 높은 수준의 시청료를 내는 걸까? 이렇게 온라인 세계에서 높은 수준의 방송 시청료를 내는 데는 몇 가지 이유가 있다. 자신의 이야기나 대화가 콘텐츠에 반영되는 것을 보면서 자신의 존재를 확인받고 싶어 하는 내재적 욕구가 충족되었기 때문이다. 자신이 좋아하는 인기 스타가 직접 자신의 이야기를 읽어주고 반응을 보이면서 그 대화를 콘텐츠에 반영하는 쌍방향 소통 방식을 온라인 세계의 사람들은 좋아한다.

오프라인에서 채워지지 않은 이러한 욕구가 충족되었기 때문에 자발적으로 흔쾌히 높은 시청료를 지불하는 것으로 볼 수 있다. 특히, 온라인 세계에서 적극적으로 활동하는 밀레니엄 세대(Millennial Generation, 1980년 이후에 출생해 2000년대 들어 성인이 된 사람들을 가리킴)들은 자신들의 콘텐츠를 만들어서 소통하는 것을 좋아한다. 본인들이 이야기하는 바를 적극적으로 콘텐츠에 담아내려고 노력하는 방송에 적극적으로 호응하는 것은 당연하다고 볼 수 있다.

2019년 닐슨코리아 디지털미디어 본부에서 발표한 자료에 따르면, 아프리카 TV의 월 순이용자가 150만 명을 넘어섰고, 이는 독립 OTT 사업자인 넷플릭스나 왓챠플레이의 순이용자 숫자와 비교할 수 없을 정도로 높다고 한다. BJ만 해도 일반인에서 연예인까지 그 폭이 넓고, 수십만 명을 넘어섰다고 한다. 그리고 일부 인기 BJ의 경우 연봉이 2억 원 이상이라고 하니 얼마나 많은 시청자들이 그들이 좋아하는 BJ를 위해 별풍선을 터뜨렸는지 짐작이 간다.

아프리카 TV 역시 기업이 주도적으로 콘텐츠를 만들지 않고, 고객들 스스로 콘텐츠 창조자가 되도록 만들었고, 그러한 비즈니스 시스템을 통해 매출을 올리고 있다. 유튜브처럼 공동 창조 전략을 구사해서 성공한 사례라고 할 수 있다.

앞으로 아프리카 TV가 유튜브처럼 지속적으로 성장하기 위해서는 풀어야 할 과제가 있다. 아프리카 TV의 개인 방송 콘텐츠가 지나치게 선정적이고 폭력적이라는 문제가 꾸준히 제기되고 있는데, 아프리카 TV 콘텐츠에 대한 부정적인 인식이 확산될수록 향후 비즈니스 모델을 확장시키는 데 치명적인 문제가 발생할 수 있다.

따라서 아프리카 TV는 반드시 리브랜딩re-branding 과정을 통해 부정적인 이미지들을 줄여나가는 작업을 해야 한다. 아프리카

TV가 창업 지원 프로그램인 '비더로켓Be The Rocket'처럼 창업을 준비하는 청년들을 위한 콘텐츠 개발에 집중하는 것도 그러한 부정적인 인식들을 줄이기 위한 하나의 노력으로 볼 수 있다. 최근에는 자회사 프릭엔을 통해 대학 교수, 변호사, 공학자 등 전문성이 있는 인재를 BJ로 발굴하고, 아프리칼리지AfreeCollege 사업을 통해 전문적인 콘텐츠를 제공하는 플랫폼 서비스를 만들려는 시도를 하고 있다.

내가 만들어가는 아이돌, 2016년의 '픽미' 열풍

2016년 전반기의 문화 현상 중 하나는, 〈프로듀스 101〉이란 프로그램이 만든 '픽미(Pick me)' 열풍이었다. 〈프로듀스 101〉은 Mnet에서 기획해 만든 서바이벌 프로그램이다. 국내외 50여 개 기획사에 소속된 101명의 아이돌 연습생들을 방송에 출연시켜서 시청자들의 투표를 통해 11명을 데뷔시킨다는 콘셉트다. 국민에게 프로듀서라는 역할을 맡긴 후, 100% 국민 투표를 통해 걸그룹 최종 멤버를 결정했다. '당신의 소녀에게 투표하라'라는 캐치프레이즈 아래 시청자들의 적극적인 참여를 유도시킨 것이 성공의 중요한 요인이라고 할 수 있다.

사실 이러한 〈프로듀스 101〉의 콘셉트는 일본에서 광풍을

일으키고 있는 〈러브 라이브〉에서 빌려온 것이다. 〈러브 라이브〉는 음반사(란티스)와 출판사(아스키미디어웍스), 애니메이션 제작사(선라이즈)의 합작으로 만들어진 일종의 사이버 아이돌 가수 육성 프로젝트라 할 수 있다. 중심이 되는 그룹은 스쿨 아이돌 그룹 '뮤즈'다. 프로젝트의 요점은 총 아홉 명의 스쿨 아이돌 캐릭터를 주역으로 여러 가지 관련 활동을 전개하는 것이다. 음반 출시를 시작으로, 만화와 애니메이션 등이 뒤이어 제작된 프로젝트다.

2016년 전반기 대한민국에 '픽미' 열풍이 불었다면, 일본에서는 2014년부터 2016년까지 〈러브 라이브〉 광풍에 휩싸여 있다. 2014년 아티스트별 전체 음반 판매 수익 14위에 〈러브 라이브〉가 올라 약 70억 원 이상의 수익을 올렸고, 2015년 아이돌 캐릭터를 바탕으로 한 극장판 애니메이션은 개봉 당시 할리우드 대작인 〈매드맥스: 분노의 도로〉를 제치고 일본 내 박스오피스 1위를 기록하면서 약 260억 원의 수익을 달성했다. 가상 아이돌 캐릭터들을 바탕으로 했는데도 다양한 콘텐츠들이 큰 성공을 거둘 수 있었던 것은 사실 상업성이나 작품성이 뛰어나서라기보다는 콘텐츠가 철저하게 팬들과의 공동창조 방식으로 만들어졌다는 데 기인한다고 많은 전문가들이 이야기한다.

실제로 애니메이션의 스토리나 그림이 아주 뛰어나거나 음반의 퀄리티가 좋은 것이 아니다. 〈러브 라이브〉의 모든 프로젝트는 철저하게 팬들과의 소통을 통해 공동창조 방식으로 만들어진다. 기존의 전통적인 방식에서 벗어나서 음반, 애니메이션 스토리, 게임 스토리의 제작 과정에 팬들이 마치 기획사의 대표처럼 행동할 수 있도록 그들에게 권력을 주었다.

예를 들어, 콘텐츠의 소비자들인 팬들이 홈페이지와 같은 온라인 채널들을 통한 투표로 각 아이돌 캐릭터들의 포지션을 결정하거나 헤어스타일과 의상을 선택할 수 있다. 누가 특정 곡에서 센터 역할을 맡을지, 어떤 안무를 할지 역시 팬들이 직접 선택할 수 있다. 그룹의 명칭부터 개인별 앨범 발표 여부까지도 모두 팬들이 투표로 결정했다.

음반에 들어갈 노래 가사 같은 콘텐츠 제작의 핵심적인 부분에서도 팬들이 투표로 직접 목소리를 낼 수 있도록 했다. 이러한 과정을 통해 이 프로젝트에 참여한 팬들이 자신들이 좋아하는 것이 단순한 가상의 만화 캐릭터가 아니라 실존 인물이라고 여기도록 만들었고, 그들과 실제 친밀하게 소통하고 있다는 생각이 들도록 했다.

일본의 가상 아이돌 캐릭터들을 이용한 〈러브 라이브〉 프로젝트의 성공은, 제작자가 적극적으로 고객들에게 공동 창작자의 역할을 주었기 때문에 가능했다. 창작자의 역할을 부여받은 팬들은 적극적으로 캐릭터에 애정을 쏟기 시작했고, 인터넷 세상의 다양한 커뮤니티와 SNS에서 적극적으로 그들이 좋아하는 캐릭터의 홍보 대사 역할을 수행했다. 팬들은 공동창조 과정에서 자연스럽게 그들이 이 가상 그룹의 공동 기획자이자 매니저이며 홍보 담당자라는 생각을 가지게 되었고, 적극적으로 SNS에서 자신이 좋아하는 캐릭터들을 키우기 위해 최선을 다했다. 당연히 이러한 노력은 캐릭터를 만들어낸 회사들의 수익으로 이어졌다.

이러한 가상 아이돌 캐릭터들의 콘셉트를 방송으로 가져와 실제 아이돌에게 비슷한 역할을 부여하고, 팬들에게 '프로듀서'라는 직위와 어느 정도의 선택권을 주어서 성공한 것이 바로 〈프로듀스 101〉이고, 그러한 과정을 통해 만들어진 것이 '픽미' 열풍이라고 할 수 있다. 〈러브 라이브〉나 '픽미' 열풍 공히 창의적인 엔터테이먼트 콘텐츠를 만드는 과정에서 팬들에게 공동 창작자의 역할을 줌으로써 시너지 효과를 일으킨 성공 사례다.

05

사람들은 왜 귀찮아도
이케아를 좋아하는가

높은 자긍심을 줘라

디지털 시대의 공동창조, 왜 중요한가?

디지털 시대 공동창조의 성공적인 사례들을 살펴보면 다양한 분야에서 다양한 형태로 많은 기업들이 공동창조에 기반을 둔 전략들을 세워서 혁신적인 제품이나 서비스를 만들기 위해 노력하고 있다는 것을 잘 알 수 있다. 기업은 내부 인원들뿐 아니라 외부 인원들을 혁신의 파트너로 받아들이고, 그들에게 권한을 주며, 그들이 적극적으로 창의적인 아이디어를 낼 수 있도록 독려해 제품이나 서비스 콘셉트를 함께 만들어간다.

물론 이러한 공동창조를 받아들이는 것이 쉽지는 않다. 어떤 기업들은 지나치게 기업의 내부 정보가 밖으로 새어나가는 것을 조심스러워해서 외부의 파트너들과 함께 일하는 데 소극적일 수 있다. 물론 내부의 핵심 정보를 지키는 것이 중요한 기업은 자사에게 맞는 소극적인 형태의 공동창조 플랫폼을 만들어서 운영하는 것이 좋다.

또한 공동창조 방식을 실행하는 데는 시간과 비용 역시 소요된다. 공동창조 플랫폼 안에서 수많은 고객들과 소통하면서 가치 있는 아이디어를 발굴하고 가치 없는 것들을 걸러내는 데 들어가는 시간과 비용 역시 기업의 입장에서는 무시할 수 없을 정도로 클 수 있다.

그렇다면 기업들이 공동창조가 가져올 수 있는 다양한 어려움에도 불구하고, 공동창조에 관심을 가지고 기업에 맞는 형태의 플랫폼을 운영하는 것이 중요한 이유는 뭘까? 가장 중요한 이유 중 하나는 고객들이 공동창조 방식 자체를 좋아하고, 이를 통해 만들어진 제품이나 서비스 역시 선호한다는 데 있다.

공동창조 분야의 전문가들인 프랑케[Franke]와 필레[Piller]는 디지털 시대 공동창조의 과정을 거쳐 나온 제품이 가지는 이점에 대한 연구 결과를 2004년에 발표한다. 이들은 실험에서 한 시계 회사가 참가자들에게서 새롭게 론칭할 시계에 대한 아이디어를 얻고자 한다고 말한다. 그리고 그 회사가 운영하는 디지털 플랫폼에서 일반인들을 위한 디자인 툴들을 가지고 자신들이 생각하기에 좋아 보이는 디자인과 기능을 가진 시계 제품 아이디어를 만들어서 제출해보라고 한다.

피실험자들이 제출하게 한 후, 이들에게 두 가지 시계 제품 콘셉트를 보여준다. 하나는 피실험자들의 아이디어로 만들어진 시계고, 다른 하나는 전문 디자이너가 만든 시계였다. 전문 디자이너가 만든 시계는 시장에서 가장 잘 팔리는 베스트셀러 모델을 바탕으로 해서 실제로 전문 디자이너가 만든 것이었다. 이 두 시계를 보여준 후, 실험 참가자들에게 각각의 시계 가격을 정해보라고 한다.

결과는 놀라웠다. 전문 디자이너가 만든 시계보다 자신의 아이디어로 만들어진 시계에 실험 참가자들은 더 높은 가치를 부여했다. 자신들의 아이디어로 만들어진 시계를 사기 위해 전문 디자이너가 만든 시계보다 약 2배 이상 더 높은 가격을 지불할 의향이 있다고 했다.

이와 같은 결과는, 사람들이 디지털 시대 공동창조 과정을 통해 만들어진 제품에 대해 더 긍정적인 태도를 보이고, 더 높은 프리미엄 가격을 지불할 의향이 있다는 것을 보여준다. 이러한 결과는 이케아 효과IKEA effect라고 불리는 심리적 메커니즘을 통해 설명할 수 있다.

사람들은 왜 본인이 직접 배달하고 조립해야 하는 귀찮은 과정을 거치게 하는 이케아 가구를 좋아할까?

이케아IKEA는 잉바르 캄프라드Ingvar Kamprad가 1947년 만든 가구 회사다. 스웨덴의 조그마한 가구 회사로 시작해서 지금의 세계적인 기업으로 성장했다. 이케아가 성공한 주요한 요인은 DIYDo it yourself라는 개념을 비즈니스 모델의 핵심으로 가져와서 고객의 충성심을 확보했다는 데 있다.

이케아의 DIY에 바탕을 둔 비즈니스 모델은 다음과 같다. 이케아는 가구를 완성품 형태로 판매하지 않는다. 이케아 가구는 다 분해된 납작한 플랫팩flat pack 형태로 판매되기 때문에 소비자가 집으로 이 플랫팩을 가지고 가서 제대로 조립하는 과정을 거쳐야 최종 가구 완성품을 가질 수 있다.

만약 북미에서 고객이 이케아 가구를 사려면 먼저 이케아 매장으로 가서 원하는 제품을 선반에서 끄집어낸다. 그것을 운반 카트에 실어 계산대로 가져와야 한다. 배송비가 엄청나게 비싸고, 배송 기간이 길기 때문에 대부분의 경우 소비자들은 제품을 직접 본인의 자동차에 실어서 집으로 가져간다. 집에 도착하면 납작한 플랫팩 박스를 풀고, 설명서를 보면서 육각렌치나 드라이버를 이용해 가구 부품들을 하나하나 조립해 완성품을 만든다.

가구를 싣고, 집으로 가져오고, 박스를 풀고, 조립하는 것과 같이 가구 판매 과정에서 발생할 수 있는 모든 일의 80~90%를 고객 본인이 직접 처리해야 한다. 그 대신 이케아는 가구를 보관하고 운송하는 데 들어가는 비용을 줄여서 좋은 품질의 가구를 합리적인 가격으로 팔 수 있었다. 하지만 고객의 입장에서는 완성품인 가구를 하나 가지는 데 상당히 많은 노력을 기울여야 한다. 한마디로 완성된 가구를 가지는 데 상당한 수준의 불편함을 겪어야 한다.

그럼에도 불구하고 이케아 가구는 잘 팔린다. 그리고 많은 소비자들이 이케아 가구를 좋아하고, 높은 재구매율을 보인다. 단지 가격이 싸다는 이유로 많은 소비자들이 이케아를 선택하는 것은 아니다. 이케아 브랜드에 깊은 충성심을 보이는 고객들이 상당히 많다. 왜 나에게 귀찮은 과정을 부과하는 브랜드를 더 좋아하고 그 브랜드에 더 큰 애정을 느끼는 걸까?

하버드 경영대학의 마이클 노튼Michael Norton 교수와 듀크대의 댄 애리얼리Dan Ariely 교수는 왜 이케아에 대해 많은 사람들이 긍정적인 태도를 보이는지 궁금해서 그 이면에 있는 심리적인 요인들을 밝혀보기로 한다. 그들은 실험에 참가한 사람들에게 상당한 노력을 요구하는 종이접기 과제를 시킨다. 그리고 실험 참가자들이 노력을 기울여 만든 종이접기 작품들을 모아서 경매에 붙였다.

그러자 완성된 작품의 퀄리티와 상관없이 대부분의 실험 참가자들이 웃돈을 줘서라도 자신이 만든 작품을 구매하기를 희망한다는 것을 발견한다. 그리고 그 이면에 사람들은 자신의 노동력이 투입돼 생산한 무엇인가에 대해 더 큰 애정을 느끼고, 비합리적으로 높은 가치를 부여하는 경향이 있다는 것을 밝혀낸다. 그들은 이러한 효과를 이케아 효과라고 불렀다.

이케아 가구를 사는 사람들은 가구를 옮기고 조립하는 과정에서 엄청난 노력을 기울여야 한다. 땀을 흘리면서 가구를 옮겨야 하고, 바닥에 부품들을 늘어놓고 설명서를 보면서 실수 없이 하나하나 부품들을 조립해야 한다. 마침내 완성품이 만들어졌을 때, 엄청난 자긍심과 만족감을 느끼게 된다.

가구를 조립하면서 자신의 존재감, 성취감, 자긍심을 맛보게 되므로 힘든 조립 과정이 끝나고 난 후에는 오히려 그 과정이 무엇인가 의미 있는 것을 만들어가는 시간이었다고 생각하고, 자신의 노력과 땀이 들어간 완성품에 대해 높은 가치를 부여하게 되는 것이다. 자신의 아이디어로 만든 시계에 비합리적으로 높은 가격을 책정한 것도 같은 현상으로 볼 수 있다.

고객에게 자긍심을 줄 수 있는 점 이외에도 고객들이 공동창조 과정에서 나온 제품을 좋아하는 또 다른 이유가 있다. 대부분의 사람들은 자신과 같은 일반인들이 평소에 자주 사용하는 물건들에 대해서 뭔가 창의적이고 혁신적인 아이디어를 제공해줄 수 있는 잠재적인 능력을 가졌다고 믿는다.

그래서 회사의 내부 인력이 아닌 다수의 고객들이 참여해 탄생한 제품들이 더 혁신적이고 창의적인 결과물이라고 여기는 경향이 있다. 다수의 아이디어로부터 더 창의적이고 혁신적인 아이디어가 나올 수 있다는 긍정적인 시각positive perception이 공동 창조의 결과물로 나온 제품들을 더 매력적으로 보이도록 만드는 것이다.

왜 사람들은 세상에서 가장 비싼 골판지 라보를 구매할까?

게임 회사 닌텐도는 2018년 1월 그들의 히트 상품 닌텐도 스위치 게임과 연동해서 사용할 수 있는 골판지 완구 시스템을 판매한다. 10만 원 가까이 하는 닌텐도 라보Nintendo LABO 박스를 열어보면, 골판지가 한 가득이다. 한마디로 세상에서 가장 비싼 골판지들을 소비자들이 구매하는 셈이다. 그렇다면 닌텐도는 왜 이 골판지로 이루어진 닌텐도 라보를 출시했을까?

가정용 게임기를 만드는 회사로 유명한 닌텐도는 2017년 얇

고 커다란 디스플레이와 좌우 분리형 두 개의 컨트롤러로 이루어진 닌텐도 스위치^{Nintendo Switch}를 발매한다. 한마디로 언제 어디서나 간편하게 여러 가지 게임을 즐길 수 있는 휴대용 게임기를 만든 것이다. 시장의 반응은 폭발적이었다. 2019년 연말 기준으로, 판매 대수는 5,000만 대를 훌쩍 넘었으며, 관련 소프트웨어의 총 판매량은 3억 만 장이 훨씬 넘는다. 이런 성공적인 닌텐도 스위치 출시 1년 후, 닌텐도는 골판지로 이루어진 닌텐도 라보를 출시한다.

닌텐도 라보의 구성은 단순하다. 박스를 열어보면, 여러 장의 골판지들을 볼 수 있다. 종이로 된 설명서는 없다. 그 대신 닌텐도 스위치로 라보의 게임 타이틀을 구동하면, 그때 화면을 통해 골판지로 만들 수 있는 다채로운 제품들의 설명이 나온다. 닌텐도 게임 스크린 화면에 나온 설명에 따라서 골판지들을 직접 손으로 접고 결합하다 보면, 평범해 보이던 골판지가 예상치 못한 멋진 부품으로 변신한다. 이 골판지로 만든 부품과 부품은 불필요한 여백이나 오차 범위 없이 딱딱 맞아떨어지도록 정교하게 구성되어 있다. 가위나 풀이 없더라도 손으로 툭툭 골판지를 누르거나, 점선을 따라서 접어나가다 보면 정확하게 여러 부분들이 겹치고 맞물리며 흥미로운 형태로 변화해 간다.

이 모든 과정 자체를 소비자가 즐겁게 경험하고, 조립이 끝난 후에 성취감을 느낄 수 있도록 라보는 정교하게 닌텐도에 의해 설계되어 있다. 마지막으로 어느 정도 모습이 잡히면 박스 안에 있는 '실', '고무줄', '클립', '부직포'를 이용해서 골판지 부품에 기능을 더하고 보강하는 작업을 하면 된다. 즐겁게 골판지를 이렇게 저렇게 가지고 놀다보면 어느덧 골판지는 리모컨 카가 되거나, 집 모양이 되어 있거나, 피아노, 모터사이클이 되어 있다.

그리고 이렇게 내 손으로 직접 만든 골판지들을 닌텐도 스위치의 본체와 컨트롤러에 결합하면 놀라운 결과물이 탄생한다. 닌텐도의 의도는 명확하다. 사실 전자 기기는 전문적인 기술을 가지고 있지 않는 소비자들이 분리하거나, 부품 자체를 업데이트하는 형태로 변주하면 고장 나기 쉽다. 한마디로 전자 기기에는 제조 회사가 정해준 형태 그대로를 수동적으로 소비자가 받아들일 수밖에 없다는 한계가 있다.

닌텐도는 전자 기기를 소비자들이 자신의 아이디어를 담아서 다양한 형태로 변주하고 놀기를 바랐을 것이다. 그래서 복잡한 본체는 건드리지 않는 대신, 라보를 통해 소비자들이 쉽게 접근할 수 있고, 마음껏 가지고 놀 수 있는 여지를 주었다고 볼 수 있다. 소비자들은 라보를 닌텐도 스위치에 결합하는 과정을 통해 닌텐도에 숨겨진 기능들을 자신의 버전으로 구현하면서 그 과정 자체에서 즐거운 경험을 할 것이며, 마지막에는 성취감 역시 느끼게 될 것이다.

닌텐도는 '닌텐도 라보 워크샵'과 같은 행사들을 통해 끊임없이 고객들을 초대하고, 라보를 통해 새로운 방식으로 평범한 골판지에 생명을 불어넣는 과정들을 함께 만들어가고 있다. 'Toy-Con Gargage'를 통해 소비자들이 직접 골판지를 이용해서 자신만의 닌텐도 스위치 액세서리를 만들 수 있도록 돕기도 한다. 그리고 이러한 과정들을 닌텐도 라보 UK^{Nintendo Labo UK}와 같은 유튜브 계정을 통해서 끊임없이 콘텐츠화해서 올린다.

전자 제품은 그 특성상 소비자와 함께 제품을 업데이트하고, 소비자들로부터 제품을 개선할 수 있는 아이디어를 얻기 쉽지

않다. 하지만 닌텐도는 '라보'라는 흥미로운 방식을 통해 소비자들이 전자 제품을 만들어가는 과정에 참여할 수 있고, 그들로부터 아이디어를 얻을 수 있다는 것을 보여준다.

성공적인 공동창조 실행 전략

그렇다면 기업들은 어떻게 성공적인 공동창조 실행 전략을 만들어낼 수 있을까? 우선 공동창조에 바탕을 둔 전략을 만들 때 거쳐야 하는 과정들에 대해서 살펴보자. 기업이 공동창조 시스템을 만들 때 어떠한 과정을 거쳐야 하는지에 대한 절대적인 기준은 없다. 다만 수많은 성공적인 사례들을 분석해보면 다음의 3단계의 과정을 거쳐서 일반적으로 디지털 공동창조 시스템이 구축된다.

첫째 단계는 Online Ideation Platform 구축 단계다. 공동창조 시스템에서 가장 중요한 것은 가능한 한 고객들이 편하게 그들의 아이디어를 올릴 수 있는 소통 플랫폼을 만들어내는 것이다. 물론 이러한 플랫폼은 온라인 기반으로 만들어져야 한다. 온라인이야말로 전 세계에 있는 모든 고객들이 본인의 아이디어를 가장 손쉽게 클릭 몇 번으로 제공할 수 있는 환경을 마련해주기 때문이다.

Online Ideation Platform을 구축하는 단계에서 기업들이 몇 가지 놓치지 말아야 할 것들이 있다. 우선 온라인 플랫폼은 어린아이들이 봤을 때에도 쉽게 이해할 수 있는 구조로 설계되어야 한다. 실제로 레고나 스레들리스와 같은 기업이 운영하는 온라인 플랫폼들은 매우 간단한 구조로 이루어져 있다. 또한 얼마나 손쉽게 고객들이 아이디어를 제출할 수 있는지를 간략하게 보여주는 2분 내외의 동영상을 올려두었다. 읽는 것 자체

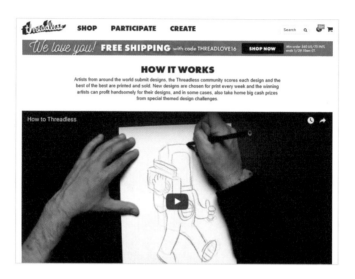

를 고객들이 싫어할 수 있기에 동영상 형태로 제출 방식을 설명한 것이다.

고객들은 바쁘고 해야 할 일들이 많은 사람들이다. 그들이 큰마음을 먹고서 그들의 신선한 아이디어를 공유하기 위해 온라인 플랫폼에 왔을 때, 복잡한 제출 절차에 직면하거나 제출 절차를 어렵게 설명할 경우 그들은 그 과정에 지쳐서 기업의 플랫폼을 그냥 떠나버릴 것이다. 어린아이들도 이해할 수 있을 정도로 쉽게 설명하고, 간략한 절차를 가진 플랫폼을 만드는 것이 중요하다.

기업은 플랫폼을 통해 고객들이 중요한 역할을 할 것이고,

공동 파트너로서 고객을 성심성의껏 대할 것이라는 것을 명확하게 이야기해야 한다. 그러기 위해서 가능한 한 공동창조 방식에서 고객이 알아야 할 정보들을 투명하고 상세하게 알려주어야 한다.

올드도미니언 대학의 히^{He} 교수와 사우스인디아나 대학의 얀^{Yan} 교수는 2015년에 가장 성공적으로 디지털 시대 공동창조 활동을 펼친 기업들의 공통점을 분석한 논문을 발표한다. 그들은 이 논문에서 성공적으로 공동창조 전략을 구사한 기업들의 경우, 운영하는 온라인 플랫폼에 매우 개방적이고 투명하게 제품이나 서비스 개발 절차 과정과 그 과정에서 필요한 것을 공유했음을 발견한다.

즉, 기업들이 성공적으로 공동창조 활동을 펼치기 위해서는 제품 개발 활동에서 불투명성을 덜어내는 게 중요하다. 레고는 공동창조 플랫폼에 '프로젝트 가이드라인들과 룰들^{Project} $_{Guidelines\ and\ House\ Rules}$'이란 정보란을 통해 고객들이 궁금해하거나 그들의 아이디어를 내놓을 때 필요할 만한 정보들을 가능한 한 투명하게 공유하려고 노력했다.

둘째 단계는 Customer Contribution 단계다. 공동창조를 위한 온라인 플랫폼을 만들고 난 후에는 기업은 고객들이 아이디어를 열심히 내놓을 수 있도록 장려하는 것이 필요하다. 대

부분의 고객들은 바쁘고 예상외로 그들이 평소 사용하는 제품들에 대해 깊은 관심이 없다. 이러한 고객들을 어떻게 동기화시켜서 가능한 한 많은 아이디어를 내놓아 프로젝트에 공헌을 하도록 하느냐가 이 단계에서 가장 중요한 이슈다.

'1%의 법칙'이라는 것이 존재한다. 수많은 공동창조 프로젝트들을 분석해보면, 고객이 제출한 제안들 대부분은 회사가 이미 알고 있는 것이거나, 실제 제품에 적용하기 힘든 가치 없는 것이다. 즉, 제안된 아이디어들의 99%는 허수란 말이다. 오직 제출된 제안의 1%만이 회사 내부적으로 살펴볼 가치가 있다. 즉, 100개의 아이디어가 제출된다면 그중 1개만이 그나마 회사가 읽어볼 가치가 있다는 말이다.

따라서 회사가 창의적이고 독창적인 아이디어들을 어느 정도 확보하기 위해서는 엄청나게 많은 아이디어들이 제출되어야 한다. 몇 십 개, 몇 백 개의 괜찮은 아이디어들을 발굴해내기 위해 공동창조 시스템을 만들어낼 수는 없다. 적정량의 유용한 1%를 만들어내기 위해 가능한 한 많은 고객들이 이 공헌 단계에서 참여하도록 유도하는 것이 중요하다. 그러므로 고객들을 적극적으로 프로젝트에 공헌하도록 동기를 주는 것이 필요하다. 주로 이 단계에서 3가지 주요한 보상[reward]들을 통해 고객들을 동기화시킬 수 있다.

가장 쉽게 동기화시킬 수 있는 것이 외적 동기 요인을 이용하는 것이다. 외적 동기는 주로 '무엇을 하면 무엇을 주겠다[If-Then]'의 전략을 통해 동기화시키는 것이다. 당근과 채찍을 토대로 형성되고, 금전적인 보상[financial reward]을 하는 것이 대표적이다.

레고는 온라인 플랫폼에 고객들이 내놓은 아이디어가 선택되고 그 아이디어를 바탕으로 신제품이 출시될 경우, 판매액의 1%를 아이디어를 제공한 고객에게 지급하는 금전적인 보상 제도를 마련해두었다. 스레들리스 역시 고객들이 내놓은 티셔츠 디자인 시안이 선택될 경우 그 고객에게 현금을 지급한다. 유튜브가 광고비의 일부분을 크리에이터에게 나누는 것도 고객들이 활발하게 공동창조에 참여하도록 금전적으로 동기화시킨 전략들이라 할 수 있다.

이와 같은 금전적 보상은 단기간의 효율성 극대화가 요구되는 일에서는 좋은 효과를 본다. 문제는 금전적 보상에 집중할수록 사람들이 보상을 유발하는 지점까지만 노력하게 되고, 그이상은 애쓰지 않게 되는 문제점이 발생할 수 있다는 것이다. 지속적으로 노력을 기울이게 하기에는 금전적 보상은 그리 효과적이지 못하다.

좋은 아이디어는 쉽게 나오지 않고, 오랜 시간이 걸리는 경우가 많다. 또한 본인이 한 번 낸 아이디어가 다른 고객들에 의해서 거절되더라도, 수정·보완을 거쳐서 좋은 아이디어로 탈바꿈하는 경우도 있다. 금전적인 보상의 경우, 장기간에 걸쳐서 지속적으로 동기화시키지 못하는 단점이 있다.

창의성이 요구되는 일에는 금전적 보상을 통한 동기화가 크게 효율적이지 못하다는 문제점도 있다. 우리는 돈 때문에 무엇인가를 할 때보다 성취감이나 신념 또는 명예를 위해 무엇인가를 할 때 더 자유스러움을 느끼고 그러한 자유스러운 분위기속에서 더 창조적인 작업을 할 때가 많다.

따라서 기업들은 공동 작업에서 고객들이 더 적극적으로 자신들의 아이디어를 내도록 독려하기 위해 물질적인 보상을 보완할 사회 인정 보상을 해야 한다. 사회 인정 보상은 내적 동기 중 대표적인 것으로, 고객이 열심히 무엇인가를 해서 이룩한 것들을 다른 사람들이 알아주길 바라는 데서 생겨난다.

사회 인정 보상과 같은 내적 동기는 자발적으로 맡겨진 일에 몰입하도록 유도하는 데 효과적이다. 따라서 인간의 보편적인 욕구에 가장 이상적으로 부합하는 동기다. 물질이 어떤 행위에 대한 외적 보상으로 지나치게 강조될 경우 사람들은 그 행위에 대한 내재적인 관심을 잃기 쉽다. 오히려 사회 인정 보상과 같은 내적 동기를 강조해 '내가 지금 하는 일이 도전이 될 만한 것이고, 내 능력을 확인하고 그 과정을 통해 뭔가 배워보겠다'는 생각을 고객들에게 불러일으키는 게 더 효과적일 수 있다.

셋째 보상은 공동창조 과정에 재미를 주는 것이다. 왜 기업의 공동창조 프로젝트에 참여하게 되었느냐는 질문에 한 참가자가 한 이야기에는 많은 인사이트가 담겨 있다.

"내가 이 프로젝트에 내 아이디어를 낸 이유 중 가장 중요한 것은 즐겁기 때문이었다. 즐거움에 기초하는 내재 동기, 즉 프로젝트에서 일할 때 얼마나 창의력을 느낄 수 있는지가 가장 폭넓고 강력한 동기가 되었다."

기업들은 참여자들이 공동창조에 참여하는 것 자체가 즐거움을 주는 하나의 행위로 느낄 수 있도록 만드는 게 중요하다. 성공적으로 공동창조 프로젝트를 수행한 기업들은 고객 참여 과정에 재미와 소통적인 요소를 넣으려고 많은 노력을 기울였다.

레고는 매일매일 새롭고 창의적인 방식으로 장난감을 만드는 레고 팬들이 즐겁게 서로 교류하는 장소를 만들기를 원했다. 억지로 무엇인가를 만들어내는 장소가 아니라, 내 아이디어를 다른 사람들에게 보여주고, 다른 사람들이 내 아이디어에 대해 어떻게 생각하는지를 들어보면서 내 아이디어를 향상시켜나가는 장소라는 것을 강조했다.

스레들리스 역시 웹 사이트를 방문하면 매주 새롭게 업데이트된 창의적인 수백 가지 티셔츠들을 볼 수 있다는 것을 강조했다. 고객들은 다른 사람들의 재미있는 티셔츠 디자인을 감상할 수 있고, 또 자신의 아이디어를 다른 사람들의 피드백을 통해 발전시킬 수 있는 기회를 스레들리스가 준 것이라고 여긴다. 스레들리스의 플랫폼은 티셔츠를 사랑하고, 새로운 티셔츠 디자인을 하고 싶어 하는 수백만 명의 사람들에게 매일매일 방문하고 싶은 장소다.

마지막 단계는 Idea Selection 단계다. 이 아이디어 선택 단계는 공동창조 단계 중 기업들이 가장 조심스럽게 접근해야 한다. 고객과의 공동창조에서 가장 위험한 요소 중 하나는 아이디어가 거절된 고객들이 회사로부터 실망감을 느낄 수 있다는 것이다.

고객들의 입장에서는 좋아하는 회사를 위해 돈도 받지 않고 열심히 노력을 기울여서 아이디어를 내놓았으나 회사가 자신의 아이디어를 형편없는 것이라고 여기고 거절했다고 생각할 수 있다. 더 큰 문제는 거절당한 대다수의 고객들이 회사의 입장에서는 아주 중요한 골수팬들일 가능성이 크다는 것이다. 본인의 아이디어를 내기 위해 공동창조 플랫폼에 온 사람들은 그 브랜드에 어느 정도 높은 충성심을 가지고 있을 가능성이 크다. 따라서 다수의 거절당한 고객들을 섭섭하지 않게 하고 거절을 편하게 받아들일 수 있도록 만드는 것이 중요하다.

중요한 점은 회사가 절대 나쁘게 여겨져서는 안 된다는 것이다. 그렇다면 어떻게 나쁜 회사가 되지 않을 수 있을까? 첫째 방법은 고객들이 내놓은 아이디어를 고객들끼리 판단하게 하는 것이다. 즉, 내놓은 아이디어들을 평가하는 데 고객들을 이용하는 것이다. 레고나 스레들리스와 같은 회사들은 모두 고객들의 아이디어들을 다른 고객들이 평가하도록 했다.

그러면 고객들은 자신들의 아이디어가 거절당하더라도 자신의 아이디어가 충분히 좋지 못했기에 거절당했을 것이라고 생각한다. 또한 몇 명이 아닌 다수 고객들의 의견이므로 결과를 객관적으로 받아들이고, 거절을 쉽게 수긍한다.

둘째는 거절^{rejection}이 아니라 개선^{improvement}을 위한 과정이라고 느끼도록 만들어야 한다. 회사는 아이디어를 제출하는 고객들에게 '평가 과정'이 누군가의 아이디어를 탈락시키기 위해 만든 것이 아니라, 당신의 아이디어를 다른 사람에게 보여주고, 함께 더 멋진 아이디어를 만들어가는 재미있고 의미 있는 과정이라는 것을 강조해야 한다.

스타벅스의 경우 공동창조 플랫폼에 고객들이 제출한 아이디어에 다른 고객들이 '좋다', '싫다'로 투표하는 것으로 끝나지 않고, 그 아이디어에 대해 토론할 수 있는 단계를 만들어두었다. 투표 이외의 댓글을 통해 좀 더 구체적인 추가 의견들을 고객들이 서로 주고받을 수 있도록 한 것이다.

이러한 과정을 통해 고객들은 다른 고객들과 함께 자신의 아이디어에 대해 이야기하고 발전시켜나가면서 자신이 무엇인가를 얻어간다는 느낌을 받을 수 있다. 공동창조 과정에서 단한 명의 충성된 고객들이 상처를 받는 일이 없도록 만들어야한다. 이는 공동창조 전략에서 좋은 아이디어를 얻는 것 못지않게 중요하다.

Part 4

당신도 '고프로'를 만들 수 있다

소비자가 홍보하게 만드는 UGC 전략

THINK LIKE GOOGLE

01

표창원의 선거 포스터가
불러일으킨 재능 기부사태

누구나 콘텐츠를 만들 수 있는 시대

표창원의 '허접'
선거 포스터가 불러일으킨
재능 기부 사태

2016년 20대 총선 후보들 간의 선거 유세 열기가 막 피어오르기 시작한 3월 초 더불어민주당 후보로 경기 용인에 출마한 표창원 전 경찰대 교수가 그의 트위터를 통해 본인이 선거에 사용할 선거 포스터 시안을 올렸다.

공개된 포스터는 표창원 후보가 직접 만든 것이었다. 그런데 이 포스터에 대한 SNS 이용자들의 반응이 매우 흥미로운 방향으로 흘러갔다. SNS 이용자들 대부분은 표창원 후보에 대한 응원 메시지를 보내면서도 포스터가 너무 촌스럽다는 혹평을 내놓았다. "어떻게 저렇게 촌스럽게 포스터를 만들었나", "그림판(낮은 수준의 디자인 프로그램)을 이용해서 만든 듯…"이란 의견들이 주를 이루었다. 실제로 표창원 후보가 직접 만든 선거 포스터는 자신의 사진 위에 작은 글씨로 이름과 지역구 등을 적은 단순한 디자인이었다. 사람들의 눈길을 끌어야 하는 선거 포스터로 쓰기에는 많이 부족해 보였다.

표창원 후보는 이러한 SNS 이용자들의 조언을 바탕으로 다시 선거 포스터를 만들어 올렸지만, 그 포스터 역시 혹평을 받았다. 이에 표창원 후보는 "전 미적 감각이나 디자인 능력이 전혀 없습니다"라며 "전문가에게 부탁드리고 결과물이 나오면 공개하겠습니다"라고 했다. 자신의 트위터에 선거 포스터가 '허접하다'는 것을 인정하고 SNS 이용자들이 원하는 형태로 다시 만들어보겠다고 답한 것이다.

'쿨'하게 인정하고 당신들이 원하는 형태로 만들겠다고 한 표창원 후보의 반응은 SNS 이용자들의 맘을 움직였다. 그냥 웃고 넘길 수 있는 하나의 해프닝으로 끝날 사건이 이후 흥미롭게 전개된다.

표창원 후보가 직접 제작한 포스터를 '도저히 못 봐주겠다'
는 SNS 이용자들이 자발적으로 표창원 후보를 위해 선거 포스
터를 만들어 공유하기 시작한 것이다. 즉, 수많은 SNS 이용자
들이 자발적으로 시간과 노력을 들여서 선거 홍보 포스터를 만
들기 시작했다. 단 며칠 만에 수십 명의 SNS 이용자들이 우수
한 퀄리티를 지닌 선거 포스터를 너도나도 올렸다.

표창원 후보의 선거 홍보 포스터가 불러일으킨 재능 기부
사태는 디지털 세상에서 중요하게 자리 잡은 UGC^{User Generated}
^{Content} 문화의 한 가지 사례로 볼 수 있다. 즉, 디지털 세상에서
사람들은 본인들이 애정을 느끼는 대상과 관련된 홍보 영상물
을 자발적으로 만들어서 적극적으로 배포하고 공유한다. 또 이
것을 즐긴다. 기업의 입장에서는 고객이 스스로 기업 대신 제

품을 적극적으로 홍보하는 효과를 누릴 수 있기 때문에 가능한 한 제품 홍보 관련 UGC를 만들어주기를 원한다.

다만 오직 소수의 기업들만이 자신들의 제품을 적극적으로 홍보하는 UGC를 만드는 사람들을 효과적으로 관리하고 있는 실정이다. 디지털 세상에서는 이미 수많은 SNS 이용자들이 자신들의 재능으로 다양한 형태의 UGC 콘텐츠를 만들려는 문화가 형성되어 있다. 현명한 기업들은 이러한 UGC 문화를 잘 이해하고, 자신들에게 맞는 형태로 UGC를 적극적으로 활용하는 전략을 세운다. 그렇다면 어떠한 기업들이 이러한 UGC 문화를 적극적으로 활용하는지 살펴보자.

고프로가 한 해
단돈 5,000만 원의 광고비로
시가 총액 11조 원 회사로
성장할 수 있었던 비결은?

고프로 GoPro는 닉 우드먼 Nick Woodman에 의해 2002년 창업된 소형 디지털 캠코더를 만드는 회사다. 창업자 닉 우드먼은 대학교를 졸업하자마자 게임 회사를 설립하지만 크게 빛을 보지 못하고 사업을 접게 된다. 사업 실패 후 새로운 전환점이 필요하다고 느낀 그는 전 세계를 여행하기 시작한다.

특히 서핑광인 그는 호주와 인도네시아에서 주로 서핑을 하면서 35mm 방수 카메라로 본인이 서핑을 하는 모습을 촬영하기를 즐긴다. 그는 시중에 판매되는 캠코더 기능의 방수 카메라가 서핑과 같은 익스트림 스포츠를 촬영하기에는 지나치게 크고 무거우며 그립감이 좋지 않아서 좋은 장면을 담기 힘들다는 사실을 알게 된다. 스스로 이 문제를 해결하기로 마음먹은 그는 당시 여자 친구와 함께 인도네시아에서 진주 목걸이를 개당 약 2달러에 사서 캘리포니아 해안을 돌아다니면서 60달러에 파는 장사를 시작한다. 이 장사를 통해 모은 사업 자금으로 고프로를 창업하고, 고프로는 그의 인생을 바꿔놓는다.

그는 철저히 익스트림 스포츠 촬영에 특화된 소형 디지털 카메라를 염두에 두고 제품을 만들었고, 만든 제품을 본인이 직접 사용한 뒤 SNS에 후기를 올려 적극 홍보한다. 예를 들어, 본인이 개발한 카메라에 고무 밴드를 붙여 팔목이나 발목에 달고 서핑을 하는 모습을 촬영하고는 그렇게 촬영한 사진과 영상을 친구들에게 보내거나 SNS에 올렸다.

일반 카메라로 담아낼 수 없는 생생한 장면이 담긴 이 동영상에 수많은 사람들이 열광하고, 카메라를 어떻게 구입할 수 있는지 문의한다. 이것이 고프로의 시작이었다. 고프로의 매출액은 출시 첫해 35만 달러에서 2012년 5억 2,100만 달러로 급

격히 늘어났고, 2014년에는 2012년보다 약 100% 가까이 성
장한 약 10억 달러를 기록했다. 2014년 기준으로 시가 총액 11
조 회사가 되었다.

　고프로의 성장은 디지털 세상의 급격한 발전이 있었기에 가
능했다. 누구나 스마트폰을 가지고 쉽게 동영상을 찍어 이를
유튜브와 같은 비디오 공유 사이트에 올릴 수 있게 되면서 스
스로 재밌는 영상을 찍은 뒤 올리려는 욕구를 가진 사람들이
늘어났다. 이러한 소비자들의 욕구에 가장 잘 부응하는 회사가
바로 고프로다.

　한 가지 흥미로운 사실은《월스트리트 데일리Wall St. Daily》에 따
르면 고프로가 2010년부터 2012년까지 급속도로 성장한 시기
에 사용한 광고비가 단지 5,000만 원이었다는 것이다. 2013년

에 광고비 지출을 늘리긴 하나 약 4,000만 원 정도 더 증가시켰을 뿐이었다. 이러한 저비용 고효율의 마케팅 활동이 가능했던 데는 고프로가 디지털 환경을 철저하게 이해해 고객을 이용한 UGC 마케팅에 집중했기 때문이다.

회사가 만든 광고나 프로모션 메시지를 TV나 매거진과 같은 전통적인 마케팅 채널를 통해 고객에게 전달하는 대신, 고프로는 철저하게 고객들의 UGC에 집중한다. 마케팅 부서의 중역인 폴 그랜델Paul Grandell의 리더십 아래 약 150여 명의 고프로 직원들은 고객들이 고프로 액션캠을 가지고 자신들의 영상을 찍어서 유튜브와 같은 SNS 플랫폼에 가능한 한 열심히 올리도록 만드는 전략들을 끊임없이 만들어냈다. 그러한 UGC 중심의 마케팅 활동은 매일 약 6,000여 개의 고프로 액션캠으로 촬영된 동영상이 다양한 고객들에 의해 유튜브에 공유되도록 했다.

그렇다면 어떻게 고프로는 고객들이 자발적으로 UGC를 만들어서 공유하도록 했을까? 첫째, 고객들이 고프로 제품을 통해 영상을 찍을 수 있는 기회를 가능한 한 많이 제공하려고 했다. 억지로 이벤트를 만들어서 고객들이 고프로 액션캠을 통해 영상을 찍어 올리도록 장려하기보다는 언제 고객들이 자발적으로 고프로 액션캠을 통해 영상을 찍고 싶어 하는지 이에 초점을 맞추었다.

예를 들어, 카리브해와 라틴아메리카 곳곳에 있는 약 17개의 메리어트^{Marriott} 호텔은 고프로와 파트너십을 맺고 고프로로부터 제품을 받아 호텔에 머무르는 고객들에게 액션캠을 무료로 빌려주는 서비스를 제공한다. 당연히 이 호텔에 머무르는 고객들은 자연스럽게 고프로 액션캠을 가지고 주변에 있는 다양한 관광지에서 그들의 모험담이 담긴 이야기들을 동영상으로 남긴 뒤 유튜브와 같은 비디오 공유 플랫폼에 올렸다.

둘째, 회사가 나서서 고객들에게 동영상을 올릴 것을 독려하기보다는 SNS에서 영향력 있는 사람들(인플루언서)을 통해 간접적으로 UGC 활동을 독려하는 방식을 택했다. 즉, 회사가 특별한 이벤트를 열어서 공격적으로 고객들에게 동영상을 올릴 것을 독려하지 않았다.

그 대신 유명한 프로 스케이트보더 선수나 서핑 선수와 같이 익스트림 스포츠 영역에서 많은 팔로워들을 거느린 이들이 자연스럽게 고프로 제품을 가지고 본인 영상을 찍어 올리도록 후원했다. 이러한 인플루언서들은 헬멧이나 자신이 사용하는 기구에 카메라를 설치하고, 어떻게 효과적으로 멋진 동영상을 찍을 수 있는지 알려주는 동영상을 올렸다.

이들이 올린 동영상에 SNS 이용자들은 폭발적인 반응을 보였고, 그들 역시 인플루언서들이 사용한 방식으로 고프로 액션캠을 가지고 자신의 영상을 만들어서 올렸다. 고프로 마케팅팀은 이처럼 SNS에서 고객들의 UGC 동영상 제작에 큰 영향을 미칠 수 있는 약 130여 명의 익스트림 스포츠 선수들과 지속적인 파트너십을 맺고 그들과 돈독한 관계를 유지하고 있다.

셋째, 고객들이 올린 비디오들 중 인상적인 것들을 선별한 후, 비디오를 올린 고객들에게 이 비디오를 사용할 권리를 얻는다. 그리고 이 비디오들을 잘 편집해서 다시 공유했다. 고객들은 자신들이 올린 비디오를 많은 사람들이 보는 것을 좋아했고, 고프로가 다시 그들의 영상을 선택하도록 특이하고 멋진 장면이 담긴 영상들을 더 많이 찍어서 올렸다. 고프로는 디지털 UGC 문화를 잘 이해하고 이를 자신들의 마케팅 활동에 거의 완벽하게 적용한 기업이라고 볼 수 있다.

◖테슬라, 애플 그리고 페이스북을 누르고 가장 혁신적인 기업으로 선정된 온라인 안경 판매 회사 와비파커

매년 세계에서 가장 혁신적인 기업The World's Most Innovative Companies 순위를 발표하는 《패스트 컴퍼니Fast Company》는 2015년에 다소 의외의 결과를 발표한다. 그해에 가장 혁신적인 기업으로 뽑힌 회사는, 전기차 개발로 주목을 받는 테슬라도 아니었고, 소셜 미디어 플랫폼 분야에서 승승장구하는 페이스북도 아닌 바로 매출 1,000억 원 정도의 안경 판매 회사 와비파커Warby Parker였기 때문이다.

와비파커가 가장 혁신적인 기업으로 뽑힌 것은 수백 년간 변화가 없던 안경 판매 시장을 가장 혁신적인 방법으로 바꿔놓았기 때문이라고《패스트 컴퍼니》는 그 선정 이유를 밝힌다.

와비파커의 창업 아이디어는 안경처럼 대량 생산이 가능하고, 플라스틱 재질이 주를 이루며, 제작하는 데 큰 공정이 들지 않는 제품이 왜 스마트폰만큼 비싼지 이해할 수 없다는 생각으로부터 시작되었다. 2010년에 와튼 스쿨 졸업생 4명이 만든 이 벤처기업은 안경의 가격을 대폭 낮추기 위해 온라인 판매에 집중한다. 그들은 2015년까지 단지 10군데 정도의 오프라인 매장만을 오픈했을 뿐 안경 판매의 대부분은 온라인으로 이루어진다.

와비파커의 안경 판매 방식은 단순하다. 우선 안경을 사고 싶은 소비자들은 와비파커의 홈페이지에 있는 안경들을 둘러본 후 자신이 착용하기를 원하는 안경을 최대 5개까지 고른다. 그러면 안경은 집으로 배송되고 소비자는 최대 5일까지 안경을 써본 후 와비파커로 반송한다. 그리고 자신이 써본 안경 중 가장 마음에 드는 것을 고른 다음 자신의 시력과 눈 사이의 거

리를 홈페이지에 입력하면, 2주 후 맞춤 제작된 안경이 집으로 배달된다.

이 과정에서 거쳐야 하는 모든 물품 배송 비용은 모두 와비파커가 부담한다. 따라서 소비자들은 부담 없이 와이파커 안경을 써볼 수 있다. 와비파커 입장에서는 물품 배달에 드는 비용을 부담해야 하지만, 오프라인 매장을 운영함으로써 드는 비용을 절감할 수 있기에 안경 가격을 혁신적으로 낮출 수 있다. 보통 오프라인에서 판매되는 50만 원짜리 프리미엄급 안경테도 와비파커에서는 10만 원 내외로 저렴하게 구매할 수 있다.

소비자 입장에서는 안경점에 가서 안경을 고를 경우 매장 내에 비치된 거울을 통해서만 안경을 비교할 수 있지만, 와비파커를 통해 안경을 고를 경우 일상생활에서 안경을 써보고 자신의 얼굴에 가장 잘 어울리는 안경을 고를 수 있다. 이는 대단한 장점이다. 과거와는 달리 안경이 시력 교정용보다는 패션 아이템으로 여겨진다는 점을 고려할 때 이 점은 사람들이 와비파커에서 안경을 구입하려는 주요한 이유로 작용했다. 회사는 폭발적으로 성장했다. 2010년 창립 첫해 안경을 약 2만 개 팔았고, 2013년엔 25만 개 그리고 2015년엔 약 100만 개를 팔았다.

와비파커는 제품 단가를 낮게 유지하기 위해 마케팅 비용에 돈을 많이 쓰지 않는다. 그 대신 고프로처럼 저비용 고효율인 UGC 마케팅에 주력했다. 와비파커 입장에서는 UGC야말로 최고의 마케팅 수단이다.

안경테의 종류는 수천 가지가 넘고, 사람들이 가진 얼굴 형태나 피부 톤 역시 헤아릴 수 없이 많다. 만약 내가 둥근 얼굴에 약간 하얀 피부 톤을 가졌는데 내게 가장 잘 어울리는 안경테를 찾고 싶다면 어떻게 할까? 한 가지 방법이 있다. SNS에서 얼굴 형태나 피부 톤이 나와 비슷한 사람이 쓴 안경테 가운데 내가 좋아할 만한 것을 찾아보는 것이다.

즉, 와비파커 입장에서는 많은 고객들이 안경테를 써보고 SNS에 안경 쓴 자신의 사진을 올릴수록 좋다. 많은 게시물이 올라갈수록 고객들은 와비파커가 파는 다양한 안경테들을 쉽게 비교하고 자신들과 비슷한 얼굴 형태나 피부 톤을 가진 사람들에게 다양한 안경테 중 어떤 것이 잘 어울리는지 쉽게 알 수 있기 때문이다.

그래서 와비파커 입장에서는 가능한 한 많은 고객들이 자신들의 안경 쓴 모습들을 찍어서 다양한 SNS 플랫폼에 올리도록 하는 게 중요했다. 와비파커는 '평범한 고객들'에게 집중했다. 와비파커는 해시태그의 중요성을 간파했다. 소비자들이 와비파커 안경테를 찍은 사진을 올릴 경우 #WarbyHomeTryOne 이나 #WarbyParker라는 해시태그를 포함시켜서 올릴 것을 장려한다.

와비파커는 이 해시태그를 달고 사진을 올린 고객들의 UGC를 찾아서 하나하나 감사하다는 코멘트를 남긴다. 페이스북이나 인스타그램에 #WarbyHomeTryOne이나 #WarbyParker라는 해시태그와 함께 와비파커 안경을 쓴 사진을 올린 SNS 이용자들의 게시판을 찾아보면, 상당수의 게시판에 와비파커가 공식적인 채널을 통해 와비파커의 안경을 선택해주어서 고맙고 "안경이 당신에게 아주 잘 어울린다"는 따뜻한 댓글을 달았음을 알 수 있다.

와비파커의 감사 코멘트를 받은 많은 고객들은, 와비파커가 자신처럼 평범한 고객들 한 명 한 명에게 깊은 관심을 가지는 진실한 기업이라는 느낌을 받았다고 고백했다. 이러한 느낌을 받은 고객들은 좀 더 적극적으로 와비파커 제품을 자신들의 SNS를 통해 홍보해주는 사람들이 된다.

와비파커는 페이스북이나 인스타그램 등에서 직접 와비파커의 안경테를 쓴 사진을 공유한 사람들뿐 아니라 와비파커에 대해 얘기하는 모든 사람을 잠재적인 고객으로 생각하고 적극적으로 그들의 이야기에 귀를 기울였다. 예를 들어, 트위터 사용자가 그들의 게시판에 와비파커와 관련된 이야기를 할 경우 와비파커는 그 트위터 게시물에 적극적으로 댓글을 달았다.

02

어떻게 레드불이
해시태그를 이용했을까

소비자가 회사를 대신해 홍보하게 하는 방법

**소비자가 회사를 대신해
마케팅 홍보물을 만들어주는
UGC 마케팅**

UGC는 User Generated Content의 약자다. 쉽게 이야기하면, UGC는 특정 제품을 쓰는 고객이 제품과 관련한 콘텐츠를 인터넷에서 배포하는 것을 의미한다. 최근 들어 마케터들이 가장 관심을 가지는 디지털 시대의 문화 중 하나가 UGC의 확장이라고 볼 수 있다.

온라인에서 소비자들을 적극적으로 참여시키는 활동이 중요해지면서 수많은 기업들이 다양한 방식으로 UGC 마케팅 캠페인을 시행해서 좋은 결과를 만들어내고 있다. 스마트폰 전용 케이스를 만드는 것으로 유명한 벨킨^{Belkin}은 2013에년 레고^{Lego}와 손을 잡고 소비자가 스스로 커스터마이징^{Customizing}해서 다양한 형태의 케이스를 만들 수 있는 조립식 아이폰 케이스 시리즈를 출시했다. 이때 고객들이 스스로 만든 독특한 케이스를 다른 사람들에게 보여주고 자랑할 수 있도록 별도의 소셜 플랫폼을 구축하는 형태의 UGC 전략을 사용해서 고객들에게 좋은 반응을 이끌어냈다.

이외에도 2014년 스타벅스가 매장에 방문한 고객들이 종이컵 여백에 그림이나 낙서를 남겨서 그들의 인스타그램과 같은 SNS 플랫폼에 올리는 경향이 있다는 사실을 발견하고, 이를 캠페인화한 '화이트 컵 콘테스트White Cup Content' 역시 성공적인 UGC 캠페인 사례라고 할 수 있다. 국내의 경우, 빙그레가 바나나 우유의 단지 모양 패키지에 '바나나맛우유'라는 문구 대신 'ㅏㅏㅏ맛우유'로 표기해 소비자들이 직접 원하는 메시지로 빈칸을 채우도록 유도한 참여형 캠페인이 대표적인 국내 UGC 성공 사례라고 하겠다. 수많은 소비자들이 '찾았다맛 우유', '감사해맛 우유', '냠냠냠맛 우유' 등 그들만의 위트 있고 재기발랄한 문구들을 만들어 인스타그램과 같은 SNS 플랫폼에 올렸으며, 이러한 SNS상의 폭발적인 반응이 20% 가까운 매출 증대로 이어졌다.

그렇다면 왜 이러한 UGC를 기반으로 한 참여형 마케팅 캠페인에 소비자들은 긍정적으로 반응할까? 온라인을 기반으로 한 다양한 UGC 마케팅 전략들이 만들어지면서 많은 마케터들이 이

러한 UGC 마케팅 전략이 어떠한 심리적인 메커니즘을 통해 소
비자들에게 긍정적인 영향을 주는지에 대해 연구하기 시작했다.

소비자 행동 연구자들은 일반적으로 소비자들은 기업이 일방
향적으로 주도하는 마케팅 메시지보다 그들과 비슷한 소비자들
이 자발적으로 만들어내는 메시지를 더 신뢰하고, 그러한 메시
지에 더 주목하는 경향이 있기 때문에 UGC 전략이 소비자들에
게 긍정적인 영향을 미친다고 설명하고 있다.

UGC 전략이 항상 긍정적인 효과만을 만들어내는 것은 아니다. 기업 입장에서는 생각해야만 하는 부정적인 위험 요소[Risk] 역시 존재한다. 기업이 만든 콘텐츠에 대해 소비자들이 적극적으로 개입해서 그들이 원하는 형태로 콘텐츠를 변주해서 온라인상에서 올릴 수 있는 자유를 많이 줄수록 소비자들은 해당 기업들의 콘텐츠에 대해 긍정적인 반응을 할 가능성이 높아진다. 하지만 이와 동시에 이러한 자유도가 올라갈수록 기업이 해당 콘텐츠를 통제할 수 있는 여지가 적어지기 때문에 캠페인이 기업이 원하는 방향이 아닌 형태로 진행될 수 있는 위험 또한 존재한다. 기업 입장에서는 UGC 캠페인을 시행할 때 어느 수준까지 자유[Freedom]을 줄 것인가가 고민스러울 수 있다. 최근 UGC 전략을 사용할 때 소비자들에게 콘텐츠를 변주할 수 있는 자유도를 어느 수준까지 줄 때 최적의 효과를 불러올 수 있을지에 대한 많은 연구들이 이루어지고 있다.

미국 네브라스카 대학 연구진은 UGC 전략에서 소비자가 자유스럽게 콘텐츠를 변주할 수 있는 수준 정도가 캠페인 성공에 어떠한 영향을 미치는지에 대한 연구를 진행한다. 연구는 실험 연구 방식으로 진행된다. 피험자 290명은 한 전자 기업이 만든 광고 캠페인에 참여한다. 피험자들은 무작위 방식을 통해 크게 3가지 조건 중 하나에 할당된다.

.

일방향적인 광고 캠페인 조건, 즉 Read-Only 조건에 할당된 피험자들은 기업이 만든 광고 캠페인을 단순하게 읽고 해당 캠페인은 접한 자신들의 태도에 대한 질문에 응답했다. 맞춤화 Customization 조건에 할당된 피험자들은 기업이 미리 정해준 가이드라인 안에서 광고 메시지를 그들이 원하는 방식으로 자유롭게 변주할 수 있도록 해주었다. 마지막으로 창작Creation 조건에서는 기업이 미리 정해준 특별한 룰이나 가이드라인이 없는 형태로, 소비자가 그들이 원하는 방식에 따라서 광고 메시지를 자유스럽게 변주할 수 있도록 해주었다.

이러한 3가지 조건을 통해 광고 캠페인에 참여하는 소비자들이 어느 수준까지 콘텐츠를 스스로 변주할 수 있도록 해줄 때 가장 긍정적인 효과를 이끌어낼 수 있는지, 해당 광고에 대한 태도, 해당 광고에 대한 신뢰도와 같은 다양한 측정 변수들을 통해 테스트해보았다. 연구진은 일방향적으로 광고 캠페인을 읽는 수동적인 상황에 소비자가 놓였을 때보다 광고 콘텐츠를 소비자가 그들이 원하는 방식으로 변주할 수 있도록 해주었을 때 해당 광고에 더 집중하고 더 긍정적으로 평가한다는 것을 발견한다. 그리고 기업이 변주에 대한 가이드라인을 엄격하게 줄수록, 소비자들이 해당 광고에 대한 태도가 부정적으로 변한다는 것을 발견한다.

즉, 맞춤화 조건처럼 소비자들이 참여하는 캠페인의 콘텐츠를 변주할 수 있지만, 기업들이 콘텐츠를 변주할 수 있는 정도에 제한을 가하거나, 가이드라인들을 눈에 띄게 줄수록, UGC가 가지는 긍정적인 영향이 줄어든다는 것을 발견한다. 연구진들은 이러한 이유를 반발Reactance 이론을 통해 설명한다. 기업들이 UGC 캠페인을 시행할 때 지나치게 엄격한 룰을 만들어내고 가이드라인을 눈에 띄는 방식으로 보여주면 소비자들은 기업이 원하는 방식으로 메시지를 만들어낼 것을 푸쉬Push한다는 생각에 반발 심리가 작동하고 해당 캠페인에 부정적인 태도를 보인다는 것이다. 이럴 경우, UGC 캠페인의 긍정적인 효과가 사라지고 오히려 역효과를 가지고 올 수 있다고 보았다.

이런 연구 결과는 최근 다양한 방식으로 UGC 캠페인을 진행하는 기업들에게 많은 인사이트를 제공한다. UGC 캠페인은 소비자들을 단순한 메시지의 수용자가 아닌, 기업이 만든 캠페인에 적극적으로 참여하도록 유도할 수 있다는 측면에서 긍정적이다. 하지만 많은 기업들이 UGC 캠페인을 시행했을 때 기업이 원하는 방향으로 소비자들이 반응하지 않을까 봐 우려한다. 그러므로 기업들은 일반적으로 UGC 캠페인을 시행할 때 기업이 원하는 방향으로 소비자들을 유도하는 장치를 집어넣으려고 하는 경우가 많다. 앞에서 언급된 제네시스의 4행시 짓기 캠페인이 대표적이다.

앞선 연구 결과는 UGC 마케팅을 집행할 때 기업들은 지나치게 노골적인 방향으로 소비자들이 콘텐츠를 만들어나갈 수 있도록 가이드라인을 드러내지 않는 것이 성공의 중요한 요인임을 보여준다.

미국에서 10대들에게 인기 있는 속옷 브랜드 에일리^{Aerie}는 마른 슈퍼 모델들을 광고에 기용하지 않고, 일반 소비자들의 자연스러운 속옷을 입은 모습들을 광고에 보여주어 "당신의 자연스러운 몸이 아름답다"라는 메시지를 통해 큰 호응을 이끌어냈다. 에일리는 이러한 메시지를 다양한 방식의 UGC 캠페인을 통해 전달했다. 예를 들어, 소비자들에게 보정하지 않은 있는 그대로의 모습을 보여주는 사진들을 그들의 인스타그램과 같은 플랫폼에 해시태그 "#AerieReal"을 달아 올리면 섭식 장애인들을 돕는 단체에 해시태그 한 건당 1달러 기부를 약속하는 캠페인을 연다. 이때 일반인처럼 보이는, 자연스러운 몸매를 가진 모델의 사진을 예시로 캠페인 이미지로 그냥 보여준다. 그리고 에일리 제품을 자랑하도록 유도하는 메시지들은 사용하지 않는다. 그냥 자연스럽게 소비자들은 이 의미 있는 캠페인에 다양한 방식으로 참여하고 그 행위를 통해 섭식 장애를 겪고 있는 10대들을 도울 수 있을 뿐이다.

이처럼 UGC 캠페인을 할 때 기업은 해당 캠페인이 그들이 원하는 방향으로 자연스럽게 유도되도록 소비자들을 이끌어야만 한다. 하지만 그 유도된 방향이 지나치게 기업을 찬양하는 방향으로 보이거나, 도드라지게 특정 방향으로만 유도되도록 가이드라인이 보일 때 역공을 맞을 수 있다는 것을 늘 염두에 두어야 한다.

또 한 가지 기업들이 알아야 할 것은 가이드라인 없이 소비자들이 스스로 창의적으로 콘텐츠를 변주할 수 있는 재량을 주는 것이 이상적이지만, 이는 캠페인에 참여한 소비자들에게 상당한 시간과 노력을 요구하는 것처럼 보일 수 있다는 점이다. 따라서 UGC 캠페인 시행 초반에는 일반적인 소비자들의 콘텐츠 변주 방향에 가이드라인을 줄 수 있는, 영향력 있는 일반인 인플루언서들과 협력해서 이들이 UGC 캠페인의 가이드라인을 자발적으로 만들어주는 형태로 캠페인을 이끄는 것이 도움이 될 수 있다.

밀레니엄 세대, 즉 SNS를 주도하고 있는 세대들은 디지털 세상에서 회사가 만든 콘텐츠를 읽고 보는 단순한 소비자로 머물기를 거부한다. 그들은 적극적으로 회사가 만든 콘텐츠를 해체하고 그들의 생각을 담은 새로운 콘텐츠로 재해석해 공유하는 것을 즐긴다. 즉, UGC는 SNS 이용자들이 제품에 대한 자신들의 생각을 적극적으로 텍스트, 음악, 사진, 혹은 비디오 동영상 형태로 콘텐츠화해서 다양한 플랫폼에 공유하는 것을 의미한다.

UGC는 다음과 같은 중요한 특징을 가진다. 첫째, 제품 홍보 콘텐츠 자체가 소비자들에 의해 만들어지고 온라인상에 배포된다. 즉, UGC의 콘텐츠 제작자는 보통 제품을 사용해본 고객일 경우가 많다. 콘텐츠를 만든 주 공헌자가 회사일 경우에는 콘텐츠를 UGC라고 부를 수 없다. UGC는 회사 주도가 아닌 고객이 만든 것이어야 한다.

둘째, UGC는 회사가 억지로 소비자들에게 시켜서 만들 경우 그 효과가 반감될 수 있다. 물론 많은 고객 주도의 콘텐츠들이 기업들의 치밀한 마케팅 전략을 통해 만들어진 경우가 많다. 하지만 콘텐츠 제작에 회사가 많이 개입할수록 콘텐츠가 너무 광고 형태를 띠기 때문에 다른 SNS 이용자들에게 외면받기 쉽다.

창의적이고 효과적인 UGC들은 대부분 고객들이 자신들이 사용하는 제품을 좋아해서 자발적으로 만든 게 많다. 따라서 회사는 고객들이 자발적으로 재미있게 UGC를 만들 수 있도록 동기를 부여하면 되지, 어떤 UGC를 만들라고 강요하는 것은 좋지 않다.

셋째, UGC는 콘텐츠 자체가 온라인으로 포스팅이 되며, 온라인에서 다른 소비자들에게 보이는 것을 전제한다. 일기처럼 만든 사람이 혼자 즐기기 위한 콘텐츠는 온라인에서 제품을 홍보하는 데 도움이 되지 않기 때문에 UGC라고 보기 어렵다.

그렇다면 UGC가 디지털 세상에서 회사들이 비즈니스를 성공적으로 만들어가는 데 중요한 요인으로 작용할 수밖에 없는 이유에 대해서 살펴보자. 첫째, SNS 문화를 이끌어가는 밀레니엄 세대들은 회사가 아닌 같은 이용자들이 만든 콘텐츠를 신뢰하고 좋아한다. 2014년 소비자 조사 회사 입소스^{Ipsos}가 18세에서 36세 사이의 밀레니엄 세대 839명을 대상으로 인터넷 문화와 관련된 조사를 실시한다. 조사 결과 밀레니엄 세대들은 하루에 약 18시간 정도 다양한 형태의 SNS 플랫폼들을 통해 콘텐츠를 소비하는 것으로 밝혀졌다.

밀레니엄 세대들은 더 이상 TV나 신문과 같은 전통적인 매체를 보는 데 많은 시간을 소비하지 않았다. 더욱 중요한 점은 하루에 약 5.4시간 정도를 다른 소비자들이 직접 만든 UGC 콘텐츠들을 소비하는 데 보냈다는 것이다. 즉, 인터넷 미디어 소비 시간의 약 30% 이상이 UGC를 바탕에 둔 것이었다.

또한 그들은 UGC 콘텐츠 자체를 크게 신뢰했다. TV나 라디오와 같이 회사 주도로 만들어지는 콘텐츠의 내용보다 UGC 콘텐츠의 내용을 두 배 이상 신뢰한다고 응답했다. 디지털 세상의 이용자들은 회사의 광고보다는 그들의 동료들이 만들어낸 이야기를 더 신뢰하고 좋아한다. 그리고 동료들이 만든 콘텐츠들을 소비하는 데 더 많은 시간을 보낸다. 이는 디지털 세상에서 새로운 비즈니스를 시작하거나 마케팅 전략을 세우는 회사가 가장 공을 들여야 할 것은, 회사에 우호적인 발언을 하는 UGC을 제작해줄 수 있는 소비자를 찾는 일이란 말이다.

둘째, 앞으로 지속적으로 UGC 콘텐츠의 숫자가 늘어날 것이고, 밀레니엄 세대들은 더 많은 시간을 UGC를 소비하는 데 보낼 것이다. 이제 누구나 쉽게 자신의 콘텐츠를 제작하고 인터넷에 배포할 수 있는 시대다. 예를 들어, 동영상 촬영 기능이 있는 스마트폰과 무료로 다운로드할 수 있는 동영상 편집 프로그램만 있다면 누구나 손쉽게 동영상을 제작하고 그 동영상을 온라인에 올릴 수 있는 세상이 되었다. 디지털 캠코더나 디지털 카메라의 기술이 발전하면서 영상 장비의 가격이 하락하는 반면에 성능은 계속 좋아지고 있다.

즉, 이제는 저렴하면서 성능이 좋은 디지털 캠코더를 일반인들이 손쉽게 구매할 수 있다. 스마트폰의 비디오 촬영 기능이 갈수록 향상되어서 디지털 캠코더를 굳이 구매할 필요가 없어졌다고 말하는 동영상 제작 전문가들도 늘어나고 있다. 촬영뿐 아니라 영상 편집의 영역에서도 일반인들이 손쉽게 무료로 사용할 수 있는 동영상 편집 소프트웨어들이 많이 생겼다.

셋째, 고객들이 직접 만든 UGC 콘텐츠들을 다루는 유튜브, 페이스북과 같은 소셜 미디어 플랫폼 역시 나날이 몸집이 비대해지고 있는 것도 UGC의 영향력이 앞으로 더 커질 수밖에 없는 이유다.

따라서 디지털 세상에서 비즈니스를 하는 모든 기업과 개인은 이제 UGC의 문화적 특징을 제대로 이해하고 UGC 전략들을 연구할 필요가 있다. UGC 문화가 갈수록 중요해지면서 소비자들이 직접 만든 콘텐츠를 잘 편집해주는 것 역시 중요해지고 있다. 기업들이 최근 해시태그 마케팅에 많은 공을 들이는 이유도 이 때문이다. UGC에 중요한 역할을 담당하는 해시태그에 대해서 좀 더 살펴보자.

햄릿 소비자들을 위한 해시태그 마케팅

디지털 세상에서는 누구나 손쉽게 자신이 원하는 콘텐츠를 생산하고 공유하며 소비할 수 있다. 2000년 무렵까지 쌓인 인터넷 정보량이 20억 기가바이트 정도였는데, 요즘은 매일 그 정도의 새로운 정보가 인터넷에 쏟아진다고 한다. 이해하기 쉽게 말한다면, 하루 동안 인터넷에 정보 형태로 생성되는 콘텐츠 양이 DVD로 따지자면 1억 7,000매 정도, 메일로 환산하자면 약 3,000억 통에 달한다.

20세기 초 사람들이 평생 접하는 정보량을 현대인들은 매일

매일 새롭게 접한다고 보면 된다. 수많은 새로운 콘텐츠들이 매일매일 쏟아지는 상황에서 소비자들은 자신들이 원하는 가치 있는 정보를 선택하는 데 더욱 어려움을 겪고 있다. 정보 과잉 시대에 선택의 고민에 빠진 소비자들을 가리키는 신조어가 '햄릿 소비자'다.

'뭘 봐야 하지?'라고 고민하는 햄릿 소비자들에게는 그 고민을 덜어주는 형태로 마케팅이 기획되어야 한다. 즉, 소비자들의 정보처리 능력의 한계를 감안해서 소비자들에게 그들이 원하는 형태의 정보를 엄선해서 제공하고, 그 과정에서 UGC 마케팅 활동을 펼치는 전략이 필요하다.

이는 소셜 미디어 마케팅에서 해시태그 마케팅의 중요성이 날로 증대되는 이유다. 페이스북이나 인스타그램 등에서 매일 수없이 쏟아지는 콘텐츠 가운데 소비자들이 자신들이 원하는 정보들을 손쉽게 검색하고 선택하는 데 도움을 주기 위해 탄생한 것이 바로 해시태그다.

해시태그는 '#' 뒤에 특정 단어를 넣으면 연관된 모든 콘텐츠를 한번에 볼 수 있는 기능이다. 정보가 무한히 나열되어 제공되는 트위터에서 소비자들이 자신들이 원하는 주제의 콘텐츠만을 검색해볼 수 있도록 해주기 위해 해시태그가 탄생했다. 이후 페이스북, 유튜브, 인스타그램, 핀터레스트 등과 같은 인기 있는 소셜 미디어 플랫폼의 중요한 기능으로 자리 잡게 되었다.

소셜 미디어 플랫폼에서 이용자들이 해시태그를 적극적으로 쓰자 이를 마케팅에 활용하려는 기업들의 시도가 자연스럽게 이루어졌다. 기업들이 소셜 미디어 플랫폼에서 해시태그를 고려한 마케팅 전략을 수립할 때 주로 행할 수 있는 액션은 크게 두 가지다. 소비자들이 많이 사용하는 해시태그를 파악하고 그것들을 중심으로 마케팅 활동을 하거나, 기업들이 직접 특정 해시태그를 써서 소비자들이 그 해시태그를 중심으로 관련 콘텐츠들을 만들어 공유하는 문화를 창출하는 것이다.

따라서 기업들은 타깃 소비자들이 어떤 해시태그를 주로 사용하는지, 소지자들이 직접 만든 UGC를 올릴 때 어떤 해시태그를 사용하는지 모니터하고 기업에 맞는 마케팅 전략을 세울 필요가 있다. 기업들이 인스타그램이나 트위터 등에 제품 관련 콘텐츠를 올릴 경우 어떠한 해시태그를 달아서 올릴 것인가가 갈수록 중요해지고 있다. 기업들이 해시태그를 이용한 마케팅 전략을 수립할 때 고려해야 할 몇 가지 중요한 요소들이 있다.

첫째, 제품과 관계가 있는 인기 해시태그를 찾아야 한다. 최근 들어 가장 많이 소비자들이 검색해본 해시태그 리스트들을 살펴볼 필요가 있다. '몽#' 같은 스마트폰 어플을 이용하면, 인스타그램이나 트위터에서 이용자들이 가장 많이 검색하는 해시태그 랭킹을 알 수 있다. 소비자들이 가장 많이 검색한 해시태그들 중 기업의 콘텐츠와 관련한 해시태그가 있을 경우, 제품 이미지나 제품 관련 정보를 소셜 미디어에 올릴 때 인기 해시태그를 함께 노출하는 것이 좋다.

둘째, 제품을 구매할 만한 사람들이 좋아하는 해시태그를 파악하는 것이 중요하다. 예를 들어, '#냥스타그램,' '#멍스타그램' 등은 애완동물을 좋아하는 이들에게 인기 있는 해시태그다. 애완동물 관련 제품이나, 애완동물을 좋아하거나 키우고 있을 가능성이 큰 이들을 타깃으로 한 제품을 홍보할 때 이러한 해시태그를 홍보 메시지와 함께 올리는 것을 고려해봐야 한다.

예를 들어, '#냥스타그램'이라는 해시태그를 이용해 올린 게시물이 2016년 4월까지 약 200만 개에 이른다. 즉, 고양이를 좋아하는 수많은 사람들이 주기적으로 고양이 사진을 올리고 있다는 것을 알 수 있다. 물론 귀여운 고양이 사진을 찾는 사람들이 이 인기 해시태그를 통해 다른 사람들이 올린 고양이 그림을 검색할 가능성 역시 크다. 만약 동물 병원을 이용하는 수의사가 주기적으로 고양이와 관련된 사진들을 자신의 인스타그램 게시판에 올릴 때 이 #냥스타그램이라는 해시태그를 쓰면 그만큼 많은 타깃 소비자들에게 도달할 수 있다는 말이다.

셋째, '트렌디한' 해시태그를 끊임없이 발굴하고 마케팅에 활용해야 한다. 최근 들어 트위트나 인스타그램 이용자들은 단순하게 해시태그를 키워드로 사용해서 정보를 탐색하는 방식을 넘어서서, 놀이 문화 형태로 특정 주제의 해시태그를 사용하기 시작했다. 예를 들어, 〈응답하라 1988〉 드라마의 인기로 '#1988년에_다들_뭐하셨나'와 같은 해시태그가 폭발적인 인기를 끌었다. 인스타그램이나 트위터 이용자들은 자신들이 과거 1988년에 사용했던 제품이나 1988년과 관련된 에피소드들을 담은 콘텐츠를 이 해시태그와 함께 올리는 형태로 놀이 문화를 만들어나갔다.

　마케팅 담당자들은 이러한 놀이 문화로 공유되는 '트렌디한' 해시태그를 끊임없이 찾아내서 활용할 필요가 있다. 예를 들어, 2016년 NH투자증권이 〈응답하라 1988〉에 나온 김성균을 모델로 기용해 1988년에 맞춘 바이럴 광고를 만들었는데 공개 일주일 만에 80만 뷰를 달성하는 뜨거운 호응을 얻었다. 이러한 광고를 인스타그램이나 페이스북과 같은 플랫폼을 통해 내보낼 경우, '#1988년에_다들_뭐하셨나'와 같은 인기 해시태그를 함께 노출하면 더 큰 도움이 될 것이다.

　셋째, 기업이 홍보하는 제품과 관련된 해시태그를 적극적으로 만들어가는 것도 중요하다. 예를 들어, 레드불^{Red Bull}의 경우 '#PutACanOnIt'이란 해시태그를 이용한 캠페인을 만들어서 큰 홍보 효과를 누렸다. 한 아마추어 사진작가가 장난으로 손에 든 레드불 캔을 미니 쿠페에 묘하게 겹치게 해서 마치 레드불 전용 차량처럼 만들어 올린 사진이 트위터에서 인기를 끌게 된다.

　이에 착안해서 레드불은 소비자들이 스스로 손에 든 레드불 캔과 다른 사물들을 겹치게 해서 만든 재미있는 사진을 찍는 것을 자연스럽게 독려했고 이러한 사진들을 올릴 때 #PutACanOnIt를 해시태그로 이용하도록 유도했다. 단, 소비자들이 직접 만든 레드불 캔 사진들에 #PutACanOnIt이란 해

시태그를 붙여서 보여주었을 뿐, 캠페인 자체가 광고 형태로 보이지 않도록 노력했다. 그리고 직접적인 홍보 문구들을 만들지 않았다. 즉, 기업이 인위적으로 광고 캠페인 형태로 해시태그 마케팅을 시작한 것이 아니라, 소셜 미디어 이용자들이 스스로 특정 해시태그를 하나의 놀이로 여기고 UGC를 만들어가도록 자연스럽게 유도했다.

　이 해시태그 캠페인의 반응은 폭발적이었다. 캠페인이 시작된 처음 몇 달 동안, 약 1만 개 이상의 #PutACanOnIt 사진들이 인스타그램과 트위터에 게시된다. 소셜 미디어 이용자들은 자발적으로 그들이 아끼는 것들(그들의 자동차, 애완동물 등)에 레드불을 겹쳐 찍은 재미있는 사진들을 올리기 시작했다. 이러한 놀이 형태의 캠페인을 통해 레드불 브랜드 인지도는 올라갔고, 이 브랜드에 대한 소비자들의 긍정적인 애착도 자연스럽게 형성되었다.

이처럼 기업이 특정 해시태그를 이용한 마케팅 캠페인을 벌이고자 한다면 가능한 한 소비자들이 자연스러운 분위기에서 자발적으로 UGC 형태의 콘텐츠를 올리도록 유도해야 한다. 이외에도 소셜 미디어상에서 인플루언서들을 이용해 제품 관련 해시태그 사용을 유도하는 방식 역시 효과적이다. 예를 들어 캘빈 클라인Calvin Klein의 '#mycalvins'란 소셜 미디어 캠페인은 인스타그램에서 수많은 팔로워를 가진 패션 모델인 켄달 제너Kendall Jenner를 통해 자연스럽게 알려졌다.

이 캠페인은 켄달 제너가 #mycalvins라는 해시태그와 함께 본인이 입은 캘빈 클라인 팬츠 사진을 올리는 것으로 시작되었다. 사진이 올라간 후, 16시간 만에 80만 명이 이 사진에 '좋아요'를 눌렀다. 이후 수많은 인스타그램 이용자들이 그들이 입고 있는 캘빈 클라인 속옷 사진을 찍어 올릴 때 #mycalvins 해시태그를 이용했다.

이처럼 기업이 직접 나서서 광고 캠페인의 형태로 특정 해시태그 사용을 독려하기보다는, 자연스럽게 이용자들의 행동을 유발시킬 수 있는 인플루언서들에게 기업이 원하는 해시태그를 사용하도록 요청한 후, 이러한 인플루언서들에게 영향을 받은 소비자들이 자연스럽게 UGC 형태로 마케팅 콘텐츠를 확산시키도록 하는 것이 바람직하다.

해시태그 마케팅은 주로 소비자들의 UGC를 바탕으로 해서 실행되기 때문에 비용이 저렴하고, 빠른 확산이 가능하다는 큰 장점을 가지고 있다. 따라서 기업들은 더 적극적으로 해시태그에 관심을 가지고 이를 마케팅에 활용할 필요가 있다.

UGC 전략에서 인플루언서는 반드시 이해해야 하는 개념이다. 사람들이 자발적으로 기업에 대해서 긍정적인 콘텐츠를 만드는 데 가장 큰 영향을 줄 수 있는 이들이 인플루언서들이기 때문이다. 인플루언서들은 누구이고, 기업들이 어떻게 그들을 활용해야 할지 좀 더 자세하게 살펴보자.

3% SNS 이용자들이
여론을 만들어낸다고?

효과적인 UGC 전략 1 – 인플루언서

**3%의 SNS 이용자들이
90% 이상의 여론의 흐름을
만들어낸다**

인플루언서 마케팅 전문 기관인 트랙크^{Traackr}에 따르면, 3% 미만의 SNS 이용자들이 실제 온라인에서 만들어지는 90% 이상의 여론 흐름을 만들어낸다고 한다. 디지털 세상에서 영향력 있는 1명이 10만 명 또는 그 이상의 사람들을 움직인다. 이는 바로 인플루언서 마케팅이 중요한 이유다.

인플루언서^{influencer}란 타인에게 영향을 미치거나 타인의 행동에 변화를 유도하는 사람이라고 정의된다. 디지털 세상에서 소비자들의 약 90% 이상이 회사가 만든 광고 콘텐츠보다는 잘 알지 못하는 사람일지라도 다른 이의 추천을 더욱 신뢰한다고 한다. UGC에 바탕을 둔 마케팅 전략이, 일반 SNS 이용자들이 기업의 제품에 대해서 긍정적 이야기들을 자발적으로 하도록 만드는 것이라면, 인플루언서 마케팅의 핵심은 여론에 강력한 영향을 미치는 소수의 사람들을 찾아내 그들로 하여금 일반 SNS 이용자들이 친기업적인 방향으로 이야기하도록 영향을 주게 만드는 것이다. 즉, 인플루언스 마케팅은 인터넷 여론의 흐름을 만들어내는 3%의 영향력 있는 사람들을 찾아내고 identify, 그들 중 우리 제품과 관련된 사람들을 가려내어 targeting, 그들과 신뢰 관계를 맺은 후 connecting 우리 제품을 살 만한 사람들에게 구매하는 방향으로 그들이 영향을 미치도록 하는 것을 뜻한다.

누가 온라인 세상에서 인플루언서라고 불리는가? 온라인 세상에서 사람들에게 영향을 미치는 인플루언서들은 크게 3가지 유형으로 나눌 수 있다.

첫째 유형은 유명 연예인들이나 운동선수들처럼 대중적으로 인기가 있는 사람들이다. 유명 연예인들은 그들을 추종하는 많은 팬들을 거느리고 있다. 주로 그들이 개인적으로 운영하는 SNS 게시판에 기업의 물건을 자연스럽게 사용하는 모습을 보여주는 것이 이들 인플루언서들을 이용한 마케팅의 전형적인 형태다.

다만, 유명 연예인들을 인플루언서로 이용할 경우 콘텐츠가

UGC가 아니라 기업 광고로 보일 가능성이 크다. 짧은 시간 동안 빠르게 브랜드 인지도를 높이기 위해 사용할 수 있는 가장 좋은 UGC 전략이 연예인 인플루언서를 활용하는 것이지만, 이 경우 사람들과 브랜드 간에 깊은 관계를 형성시키기에는 어렵다는 단점이 있다.

둘째 유형의 인플루언서들은 전문가들이다. 특정 분야의 제품 카테고리에는 해당 제품의 전문가라고 지칭하는 사람들이 존재한다. 예를 들어, 자동차 분야에는 자동차 관련 매거진의 기자나 자동차 분야에서 일한 경력이 오래된 사람들이 그 분야의 전문가로 인정받을 수 있다. 이들은 주로 특정 분야의 제품에 대한 깊이 있는 글들을 통해 그들의 팔로워들에게 영향을 미친다.

따라서 유명인들을 기용할 때보다는 단기간의 브랜드 인지도 상승과 같은 효과는 기대하기 힘들지만, 사람들과 브랜드 간에 깊이 있는 관계를 형성시키는 데는 오히려 전문가 집단의 인플루언서들을 활용하는 것이 좀 더 효율적이다. 사람들은 전문가 집단이 내놓은 의견이 좀 더 객관적이고 신뢰할 만한 정보라고 믿는 경향이 있다. 따라서 단기간의 인지도 향상 효과를 얻기보다는 제품 관련 신뢰감을 심어주고 싶은 기업은 전문가 집단의 인플루언서들을 이용하는 것이 좋다.

셋째 유형은 준 전문가 집단이라고 분류될 수 있는 파워블로거들이다. 이들은 일반인들이지만 해당 제품 분야에서 오랜 제품 사용 경험을 바탕으로 전문가 급의 지식을 가지고 있는 사람들이다. 앞서 이야기한 유명 연예인들이나 전문가 집단에 비해서 기업들이 쉽게 파악하기 힘들다. 하지만 이들은 개개인의 취향과 특성이 반영된 독특한 콘텐츠를 통해 팬들을 확보한 사람들이기 때문에 각자 거느린 팔로워들에게 미치는 영향력이 크다. 따라서 기업들은 주기적으로 판매하는 제품 분야의 파워블로거들 군을 파악하고 업데이트해 그들과 깊은 관계를 유지하는 것이 매우 중요하다.

인플루언서 간 궁합도 봐야 한다

인플루언서가 가진 가치를 극대화시키기 위해서는 단순하게 중요한 인플루언서들을 파악하고 그들이 회사의 제품에 대해서 긍정적인 여론을 만들어내는 것에만 만족해서는 안 된다. 각각 개별 인플루언서들이 가진 가치를 꼼꼼하게 살펴보고, 인플루언서들이 잘할 수 있는 것에 집중시키거나, 여러 인플루언서들을 함께 모아서 그들의 영향력이 시너지 효과를 불러올 수 있도록 하는 것이 필요하다.

2013년 KLM 네덜란드 항공KLM Royal Dutch Airlines(이하 KLM)은 새롭게 출시한 '싱가포르-발리' 간의 신규 노선을 홍보하는 데 인플루언서 마케팅을 하기로 결정한다. KLM은 인플루언서 마케팅 전문 컨설팅 회사인 거쉬클라우드Gushcloud와 함께 여행, 패션, 음식 등을 주제로 블로그를 운영하는 10명의 인플루언서들을 선정하고 그들을 이용해 인플루언서 마케팅을 펼칠 전략을 짠다.

일반적인 인플루언스 마케팅 전략하에서는 단순하게 이들 개별 인플루언서들에게 무료 항공권을 나눠주고 그들이 여행에 관련한 이야기들을 블로그에 쓰도록 만들었을 것이다. 하지만 KLM과 거쉬클라우드는 개별 인플러언서들에게 식상한 콘텐츠를 만들지 않고, 이들 10명의 인플루언서들의 가치를 극대화시킬 수 있는 방안에 대해 깊이 고민한다. 그래서 그들이 도출한 전략은 다음과 같다.

첫째, KLM과 거쉬클라우드는 10명의 인플루언서들을 짝 지어 그룹으로 묶어서 여행을 보냈다. 개개인의 인플루언서들이 개별적인 콘텐츠를 만드는 것보다는 그들이 함께 큰 그림을 그릴 때 시너지가 생길 것으로 보았다. 다만 여행을 보내기 전 개별 인플루언서들의 특징을 면밀히 분석한 후, 궁합이 잘 맞는 인플루언서들을 서로 짝 지어서 보냈다.

둘째, 인위적인 요소들을 가능한 한 배제시켰다. 인플루언서 마케팅에 익숙하지 않은 기업들이 가장 저지르기 쉬운 실수는 지나치게 인플루언서들에게 개입함으로써 인플루언서의 상상력을 죽여버린다는 것이다. 인플루언서들이 수많은 팔로워들을 거느린 영향력 있는 사람이 된 데는 자신의 분야에서 독특하고 창의적인 시각을 가졌기 때문이다. 기업이 지나치게 개입할 경우 그러한 독특한 시각과 창의성이 죽기 쉽고, 그러한 상황에서 나온 글은 팔로워들이 볼 때에는 기업으로부터 돈을 받고 쓴 상업적인 광고 같은 냄새가 나기 마련이다.

KLM은 기업이 공짜 여행권과 세세한 가이드라인을 주고 그 가이드라인에 따라서 콘텐츠를 만들 것을 인플루언서들에게 강요하지 않았다. 그 대신 좀 더 풍부한 이야기들이 자연스럽게 만들어질 수 있도록 가장 시너지 효과가 클 것으로 보이는 인플루언서들끼리 짝을 지어주었을 뿐이다.

결과는 대성공이었다. 궁합이 좋아서 시너지가 나올 것으로 보이는 인플루언서들이 함께 여행을 떠났고, 그들은 여행을 진심으로 즐겼다. 그들은 여행지를 돌아다니면서 사람들이 흥미로워할 만한 콘텐츠를 많이 생산해냈다. 짧은 시간 동안 깊은 우정을 쌓았다. 친구처럼 서로 사진을 찍어주거나 맛있는 음식을 함께 먹고, 흥미로운 어드벤처들을 함께하는 모습들이 실시간으로 그들의 블로그에 업데이트되었다.

당연히 수많은 팔로워들이 해당 콘텐츠에 대해 긍정적인 답글을 달았고 콘텐츠를 퍼갔다. 궁합이 좋은 인플루언서들의 콘텐츠는 기업이 가이드라인을 주고 만들어진 것이 아니라 가슴속에서 우러나온 생생한 체험을 바탕으로 만들어졌기에 더욱 팔로워들에게 좋은 반응을 얻었다.

이 인플루언서 마케팅 캠페인이 실시되고 2주 후 캠페인 결과를 측정할 때 KLM이 기대했던 것 이상으로 티켓 판매율이 올라 있었다. 이 사례는 인플루언서 마케팅이 인플루언서들을 제대로 이해하고 그들이 잘할 수 있는 것들을 하도록 독려하는 데 성공의 열쇠가 있음을 보여준다.

이처럼 기업이 디지털 세상에서 영향력이 큰 사람들을 찾아내서 그들에게 기업 홍보 관련 콘텐츠를 만들어내는 것은, 중요한 UGC 전략 중 하나다. 또 다른 중요한 UGC 문화 중 하나가 패러디 문화다. 패러디가 어떻게 UGC 전략으로 사용될 수 있는지 살펴보자.

04

팔도가비락식혜모델로
김보성을섭외한이유

효과적인 UGC 전략 2 – 패러디

**싸이가
세계적인 스타 저스틴 비버를
이길 수 있었던 이유** 유튜브는 2014년 12월 싸이의 〈강남 스타일〉 뮤직비디오가 21억 5,000만의 조회 수로 역대 유튜브 조회 수 1위에 올랐다는 소식을 전한다. 이는 11억 2,000만 조회 수로 2위에 오른 세계적인 가수 저스틴 비버^{Justin Bieber}의 〈베이비^{Baby}〉 뮤직비디오의 2배에 달하는 수치. 세계적인 한류의 열풍을 고려하더라도, 한국어 노래의 뮤직비디오가 이러한 조회 수를 기록한 것은 놀랄 만한 일이라고 할 수 있다.

결론적으로 이야기하자면, 싸이의 〈강남 스타일〉이 성공한 이유 중에는 UGC의 중요한 성공 코드인 '패러디의 힘'이 한 자리를 차지하고 있다. 인터넷 마케팅 회사인 워드스트림

Wordstream의 조사에 따르면, 평균적으로 매 분마다 4,000명 이상이 〈강남 스타일〉 뮤직비디오를 시청했고, 그들 중 29명 정도가 '좋아요' 버튼을 누르고, 16명 이상이 긍정적인 코멘트를 남겼다고 한다. 좋아하는 동영상에 '좋아요' 버튼을 누르고, '긍정적인 댓글'을 남기는 이러한 모습들은 다른 인기 있는 뮤직비디오 동영상들에 비해 〈강남 스타일〉 뮤직비디오가 그리 월등한 모습을 보여주지는 않았다.

주목할 만한 점은, 〈강남 스타일〉의 경우 유독 이 뮤직비디오를 패러디한 동영상의 숫자가 많았다는 것이다. 즉, 〈강남 스타일〉의 경우 오리지널 콘텐츠를 소비자 나름대로 적극적으로 재해석해서 만든 수많은 UGC 형태의 패러디물이 만들어졌다는 데 그 성공의 비밀이 숨어 있다. 전 세계 각지에서 만들어진 〈강남 스타일〉의 UGC 패러디 동영상의 숫자가 수천 가지고, 패러디한 동영상을 시청한 사람들의 숫자가 1억 명 가까이 된다.

〈강남 스타일〉 뮤직비디오가 많이 패러디되었다는 것은, 〈강남 스타일〉 뮤직비디오를 본 사람들 중 '적극적 재생산 계층'이 많았음을 의미한다. 기업이 UGC를 성공적으로 활용하기 위해서는 기업이 만든 오리지널 콘텐츠를 적극적으로 소비하고 재생산하는 사람들이 얼마나 많은가가 중요하다.

〈강남 스타일〉의 뮤직비디오가 유튜브에 올라온 지 얼마 되지 않아, 서울에 살고 있는 한 캐나다인 커플인 사이먼^{Simon}과 마티나^{Martina}가 이 뮤직비디오를 보게 된다. 평소에 한국 문화에 관심이 많았던 이 커플은 싸이의 〈강남 스타일〉 뮤직비디오에 푹 빠지게 된다.

그들은 단순하게 싸이의 뮤직비디오에 '좋아요' 버튼을 누르거나, 호의적인 코멘트를 남기는 대신 적극적으로 이 뮤직비디오를 전 세계에 알리기로 결정했다. 그들은 그들의 방식으로 〈강남 스타일〉을 패러디하기로 한 것이다.

이들은 뮤직비디오의 콘셉트와 스토리를 그들의 방식으로 재창조했고, 거리로 나가서 친구들과 함께 뮤직비디오를 촬영하고 편집한 후, 패러디 동영상을 영어로 된 코멘터리^{commentary}와 함께 유튜브와 그들의 개인 홈페이지에 올렸다.

사이먼과 마티나는 싸이와 일면식이 있는 사이가 아니다. 단지 그들은 싸이의 뮤직비디오가 좋았고, 온라인에서 좀 더 적극적인 방식으로 다른 사람들과 함께 나누기를 원했을 뿐이다.

그들의 〈강남 스타일〉 패러디 동영상은 외국인들에게 엄청난 반향을 불러왔고, 사실상 싸이의 〈강남 스타일〉이 전 세계에 퍼진 일등 공신 중 하나가 되었다. 온라인을 넘어서 〈강남 스타

강남 스타일의 세계적인 성공은 적극적으로 패러디물을 만들어낸 외국인들이 많았던 데 기인한다.

일)이 캐나다, 호주, 프랑스를 비롯한 전 세계 30개가 넘는 나라의 뮤직 차트에서 1등을 한 배경에는 한국 버전의 노래를 그들만의 언어와 문화로 패러디한 사이먼과 마티나와 같은 외국인들이 많았기 때문이다. 적극적인 재생산 계층은 오리지널 콘텐츠를 재창조하는 것을 즐긴다. 그리고 재창조하는 방식은 주로 패러디로 표출이 된다. UGC 마케팅의 성공에 패러디가 왜 중요한가에 대해서 좀 더 살펴보자.

⸂패러디 문화?

사전적인 의미로, 패러디^{parody}는 문학, 음악 등의 작품에서 다른 누군가가 먼저 만들어놓은 어떤 특징적인 부분을 모방해서 자신의 작품에 넣는 기법을 의미한다. 패러디 문화는 문학이나 미술뿐만 아니라 영화, 광고, 디자인과 같은 다양한 예술 영역에서 각광을 받았다. 최근 들어 패러디 문화는 예술 영역을 넘어서서 다양한 영역에서 오리지널 콘텐츠를 풍자하고 현실을 반영하고 재해석하는 형태로 발전하고 있다.

이러한 패러디 문화가 디지털 시대의 도래와 함께 전성기 시대를 맞이하고 있다. 디지털 시대의 패러디 문화의 급성장에는 디지털 문화의 혼종성^{hybridity}이 큰 역할을 했다. 디지털 세상에서의 다양한 개념들과 이미지들은 서로의 영역을 넘나들면서 영향을 받고 끊임없이 재창조된다.

디지털 콘텐츠의 경우 아날로그 콘텐츠에 비해 오리지널 콘텐츠를 변형하는 것이 손쉽다. 예를 들어 아날로그 형태의 그림을 패러디하기 위해서는 해당 콘텐츠를 비슷하게 복제할 수 있는 드로잉 기술과 이를 뒷받침하는 다양한 장비가 필요하다. 이에 비해 디지털 콘텐츠의 경우, 오리지널 콘텐츠의 변형은 간단한 컴퓨터 프로그램을 통해 손쉽게 가능하다.

간단한 인터넷 검색을 통해 다양한 이미지들을 획득하는 것이 쉬워지면서 누구나 손쉽게 다양한 이미지를 변주한 패러디물을 만들어낼 수 있게 되었다. 또한 유튜브와 같은 온라인 동영상 콘텐츠 플랫폼을 이용하면 자신이 변주하고 재생산한 콘텐츠를 손쉽게 공유할 수 있게 되었다. 이렇듯 누구나 쉽게 패러디물을 제작하고 그 영상을 인터넷에 올릴 수 있는 최적의 온라인 환경이 구축된 것이다.

왜 석녹석 재생산 계층이 중요한가?

UGC 마케팅의 성공은 기업이 만든 오리지널 콘텐츠를 얼마나 많은 사람이 확대 재생산했는지에 의해 판단될 수 있다. 오리지널 콘텐츠를 어떻게 소비하느냐에 따라서 소비자층은 나누어질 수 있다. 단순하게 오리지널 콘텐츠를 보거나, '좋아요' 버튼을 누르는 집단을 '단순 확대 계층'이라 한다. 기업들이 소셜 미디어 마케팅 활동을 할 때 처음에 가장 공을 들여야 할 점이, 가능한 한 많은 사람에게 마케팅 콘텐츠를 노출시키는 것이다.

따라서 흥미롭고 시선을 끄는 콘텐츠를 만들어 가능한 한 많은 사람이 그 콘텐츠를 보고, '좋아요' 버튼을 누르도록 만드는 게 가장 중요한 초기의 소셜 미디어 마케팅 활동이라 할 수 있다. 즉, 가능한 한 많이 단순 확대 계층을 늘리는 것이 중요하다. 가장 낮은 수준의 UGC 목표가 단순 확대 계층을 늘리는 것이다.

하지만 보다 더 공을 들여야 하는 소비자층이 있다. 바로 '적극적 재생산 계층'이다. 적극적 재생산 계층은 오리지널 콘텐츠를 단순하게 소비하는 것이 아니라 적극적으로 재편집하고 재생산하는 소비자층이다. 예를 들어, 파라마운트 영화사가 새로운 〈미션 임파서블〉 영화 예고편을 자사 페이스북이나 유튜브 채널에 올려두면, 이 영화에 관심 있는 사람들은 그 예고편을 보고 '좋아요' 버튼을 누르거나 자신의 페이스북에 예고편을 포스팅을 할 가능성이 크다. 여기까지는 단순 확대 계층이 콘텐츠를 소비하는 방식과 동일하다.

하지만 일부 사람들은 자신이 좋아하는 영화의 예고편을 자신의 페이스북에 포스팅을 하면서 자연스럽게 예고편에 대한 자신의 생각을 이야기한다. 여기서 원래 메시지는 소비자들의 개인적인 의견이 덧붙여져 새로운 메시지가 된다. 더 나아가, 소셜 미디어의 친구들이 그 포스팅에 대해 그들의 생각을 답글의 형태로 표출한다면 이러한 답글들 역시 새로운 영향력을 행사하게 된다.

기업이 만든 광고나 바이럴 비디오^{viral video}가 소셜 미디어에서 소비자의 흥미를 끌 경우 보통 소비자는 오리지널 메시지에 대한 개인의 생각을 덧붙여 올리는 경우가 많다. 이와 같이 기업이 만든 오리지널 메시지를 적극적으로 변용하는 집단들을 적극적 재생산 계층이라고 할 수 있다. 기업은 가능한 한 이런 적극적 재생산 계층을 많이 확보할 수 있는 콘텐츠를 만들어내는 것이 좋다.

모방은
가장 성실한 아첨이다

적극적 재생산 계층 중 가장 중요하게 살펴보아야 할 사람들이 바로 오리지널 콘텐츠를 패러디하는 이들이다. 소셜 미디어 마케팅에서 패러디의 힘이 중요한 것은, 오리지널 콘텐츠를 패러디하는 행위 자체가 가장 높은 수준의 재생산 활동으로 볼 수 있기 때문이다. 즉, 많은 사람들이 오리지널 콘텐츠를 패러디하고 있다는 것은 그 콘텐츠가 가장 적극적인 UGC 형태로 재생산되고 있다는 의미다.

그렇다면 패러디를 만들어내는 적극적인 재생산 계층이 중요한 이유는 뭘까? 첫째, 패러디를 만들어내는 적극적인 재생산 계층에 속한 이들은 바로 기업의 입장에서 그들의 제품이나 콘텐츠에 대해 높은 충성심을 가진 소비자거나, 그러한 소비자가 될 가능성이 큰 사람들이다. 그들은 자발적으로 기업이 만들어낸 오리지널 콘텐츠를 적극적으로 홍보하는 가장 중요한 사람일 가능성이 크다. 따라서 패러디를 만들어내는 적극적인 재생산 계층이 많다는 것은 기업의 입장에서는 든든한 후원자층이 많다는 의미다.

모방은 가장 성실한 아첨이다Imitation is the sincerest form of flattery란 말이 있다. 즉, 특정 콘텐츠를 패러디하는 행위 자체는 오리지널 콘텐츠에 대한 가장 높은 수준의 관심과 충성심을 드러낸다는 것을 뜻한다고 볼 수 있다. 패러디 형태의 적극적인 UGC를 만들어내는 소비자들이야말로 기업이 가장 관심을 가지고 관리해야 할 대상들이라고 할 수 있다.

둘째, 패러디 콘텐츠는 오리지널 콘텐츠를 다시 살려내는 힘이 있다. 우리는 아무리 좋아하는 영화라도 세 번, 네 번 이상 보는 경우는 거의 없다. 광고의 경우는 더 말할 필요가 없다. 홍보의 목적으로 만들어지는 콘텐츠는 아무리 뛰어난 퀄리티를 가지고 있더라도 사람들이 재반복하면서까지 소비하기를 기대하기는 힘들다. 하지만 오리지널 콘텐츠가 패러디되는 경우는 달라진다. 패러디는 오리지널 콘텐츠의 새로운 변주다. 따라서 사람들은 수많은 다른 버전의 패러디 영상을 보는 데 거부감이 적다. 패러디 영상은 보는 이로 하여금 다시 오리지널 콘텐츠의 메시지를 떠올리게 만든다. 즉, 수많은 버전의 패러디물에는 그 숫자만큼 다시 오리지널 콘텐츠를 살려내는 힘이 있다.

마지막으로 패러디를 만들어내는 적극적 재생산 계층은 콘텐츠를 소비하는 이들 중 가장 영향력이 큰 집단일 가능성이 크다. 덴마크의 인터넷 전문가인 야코브 닐센Jakob Nielsen은 인터넷 이용자의 90%는 콘텐츠를 수동적으로 관망하는 사람들이라고 분류했다. 나머지 사람들 중 9%는 재전송이나 댓글로 확산에 기여하고, 1%만이 적극적으로 콘텐츠를 재창출하는 집단으로 정의했다. 이러한 '90대 9대 1의 법칙'에서 적극적으로 콘텐츠를 재창출하고 확산시키는 역할을 하는 집단이 적극적 재생산 계층이라고 할 수 있다.

적극적 재생산 계층은 티핑 포인트tipping point를 만들어내는 계층이다. 말콤 글래드웰Malcolm Gladwell은 티핑 포인트를 어떤 제품이 폭발적으로 인기를 끌게 되는 극적인 순간을 일컫는다고 정의했다. 기업의 마케팅 커뮤니케이션에서 콘텐츠를 수동적으로 관망하는 90%의 사람들을 어떻게 긍정적으로 개입하게 만들 것인가는 중요한 이슈다. 90%의 관망자들은 적극적 재생산 계층의 영향을 받을 가능성이 크다.

따라서 적극적 재생산 계층을 기업에 우호적인 집단으로 만들 때 나머지 90%의 관망자들 역시 친기업적인 소비자들로 바꿀 수 있을 것이다. 기업의 콘텐츠가 폭발적으로 확산되는 시점인 티핑 포인트는 바로 적극적 재생산 계층, 특히 활발하게 패러디하는 계층에 의해 만들어진다고 볼 수 있다.

소셜 미디어에서 기업이 성공적인 마케팅 활동을 했다는 의미는 기업이 만든 메시지가 소비자들 사이에 널리 알려졌고(확대), 해당 메시지가 소비자들로부터 좋은 반응(UGC 형태의 재생산)을 이끌어냈다는 것이다. 즉, 온라인에서 기업이 마케팅 관련 콘텐츠를 만들 때에는 콘텐츠가 가능한 한 확대 재생산 효과를 낼 수 있도록 세심하게 계획하는 것이 중요하다.

콘텐츠의 확대 재생산적인 측면에서 성공적인 소셜 미디어 마케팅 활동을 해온 기업들의 마케팅 콘텐츠들을 분석해보면 공통적이고 일관된 특징들이 발견된다. 그것은 마케팅 콘텐츠들이 수많은 소비자들에 의해 패러디되었다는 것이다. 따라서 기업은 마케팅 콘텐츠를 만들어낼 때, 해당 콘텐츠가 얼마만큼 적극적 재생산 계층에 의해 패러디될 수 있는지 고민해봐야 한다. 그리고 가능한 한 오리지널 콘텐츠가 적극적 재생산 계층에 의해 패러디될 수 있도록 사전에 세밀하게 콘텐츠를 구상하는 것이 좋다.

그렇다면 적극적 재생산 계층에 의해 많이 패러디된 콘텐츠들은 어떠한 특징을 가지고 있을까? 최근의 성공 사례들을 살펴보면 그 해답이 보일지 모른다.

"남자한테 참 좋은데, 어떻게 표현할 방법이 없네"로 매출액을 10배 증가시킨 기업

"남자한테 참 좋은데, 어떻게 표현할 방법이 없네. 직접 말하기도 그렇고." 특유의 중독성으로 인터넷에서 순식간에 퍼져나가면서 수많은 사람들에 의해 패러디된 광고 멘트다. 이 광고 멘트를 만든 곳은 천호식품이다.

천호식품은 산수유, 마늘, 양파와 같은 원료들을 이용해 180여 가지 건강식품을 만드는 중견 기업이다. 천호식품의 경영 실적이 급속도로 나아진 계기는 오너인 김영식 회장이 직접 출연한 광고가 소개된 이후부터다.

광고에 처음부터 김영식 회장이 출연하기로 되어 있었던 것은 아니다. 김영식 회장은 산수유를 사업 아이템으로 잡고 직원들과 제품을 어떻게 홍보할 것인지 회의하던 중 산수유가 정력에 좋은데 사람들에게 대놓고 설명하기에는 애매하기에 이를 어떻게 표현할지가 막막했다고 한다. 그러다가 김영식 회장이 무심코 "산수유, 남자한테 참 좋은데, 어떻게 설명할 방법이 없네"라고 말했는데 그 푸념이 직원들에게 너무 재미있게 들렸던 것이다. 그 푸념을 광고 멘트로 사용하자는 아이디어가 나왔고, 김영식 회장이 직접 광고에 출연해 자연스럽게 말한 것이 인터넷에서 '대박'을 친 것이다. 푸념을 광고 멘트로 사용한 역발상이 대박을 불러온 케이스다.

유명인이 아니라 중견 기업의 오너가 직접 출연해 다소 고민스러운 목소리로 "남자한테 참 좋은데, 어떻게 표현할 방법이 없네"라는 멘트를 치는 광고가 SNS 이용자들에게는 몹시 재미있게 보였다. 이후 수많은 인터넷 이용자들이 자신들만의 주제를 가지고 동일한 멘트를 이용한 UGC를 만들어내기 시작했다.

인터넷으로 시작된 패러디는 공중파로까지 이어졌다. KBS 드라마 〈수상한 삼형제〉에서 손주를 보고 싶어 하는 시어머니가 주인공에게 '아기 낳는 약'을 전해주면서 "남자한테 기가 막힌 약이래. 한의사 말이 남자한테 참 좋은데 직접 말하기도 그렇고 뭐라 콕 집어 표현할 말이 없댄다"라는 대사를 친다.

이처럼 김영식 회장의 말투와 멘트를 따라 하고 패러디하는 UGC가 인터넷에 널리 퍼졌고, 그러한 콘텐츠들이 자연스럽게 제품의 인지도와 판매에 영향을 미쳤다. 이 광고가 나간 후부

터 제품 매출이 150%까지 올랐다고 한다. 60억 원에 불과했던 매출액이 광고 후 529억 원으로 10배 가까이 증가했다.

　이러한 천호식품의 성공 요인은 광고를 키치적인 코드의 전형적인 B급 개그 콘셉트로 만들었다는 데 있다. 스타 대신 회사 오너가 다소 어눌한 어투로, 광고 멘트 같지 않은 푸념성 멘트를 치는 모습에 대중은 열광했다. 의도적으로 조악해 보이지만 친숙한 키치 문화 코드를 심어놓은 것이 수많은 인터넷 이용자들이 자신들 버전의 UGC로 다시 패러디하고 싶도록 만든 주요 요인이었을 것이다.

김보성의 '으리'가 대학교 교내 매점에서 비락 식혜를 품절시키다

방송에서 수십 년간 검은 재킷에 선글라스를 쓰고 다니며 '의리'를 외치던 배우 김보성이 출연한 광고 하나가 2014년 한국을 강타한다. 바로 비락 식혜의 일명 '으리' 바이럴 비디오 광고다. 김보성을 이용한 비락 식혜 바이럴 비디오 광고는 이미 활발하게 패러디가 되는 키치적 문화 현상을 기업이 광고로 잘 사용한 대표적인 예다.

시작은 다음과 같다. 김보성이 TV에 출연해서 '의리'를 '으리'라고 다소 어리숙하고 새는 발음으로 이야기하는 것을 몇몇 온라인 커뮤니티에서 활동하는 이용자들이 주목하고 이 '으리'라는 단어를 유행시키기 시작했다. 온라인 유명 커뮤니티인 디

씨인사이드에서는 엄청난 숫자의 '으리'와 관련된 글들이 올라
오기 시작했고, 누리꾼들은 다양한 형태로 이 '으리'라는 단어
와 김보성의 이미지를 패러디하기 시작했다. 비락 식혜가 김보
성을 광고 모델로 선택할 즈음에는 '으리'라는 콘텐츠가 이미
인터넷에서 사람들에 의해 서로서로 패러디를 하면서 노는 키
치적 문화 현상으로 자리 잡은 상황이었다.

　즉, 온라인상에서 이미 활발하게 패러디되고 있는 콘텐츠를
비락 식혜에서 거의 처음으로 '광고' 형태로 구현해낸 것일 뿐
이다. 사실 광고를 만들 당시 비락 식혜는 오래된 음료 느낌이
강해서 젊은 사람들에게 그리 인기 있는 제품이 아니었다. 비
락 식혜는 2014년 젊은 층들에게 어필할 수 있는 광고를 만들
기를 원했다. 그리고 젊은 층들 사이에서 가장 활발하게 패러
디되고 있는 '으리'라는 콘셉트를 사용하고, 키치 문화 가득한

광고를 만들어냈다.

광고 메인 콘셉트를 '우리 몸에 대한 의리'로 잡고, 젊은 사람들도 몸을 생각해서 색소, 탄산, 카페인이 없는 전통 음료인 식혜를 마시도록 유도하며, 이를 '자신의 몸에 대한 의리'라는 광고 카피로 구체화했다.

"탄산도! 카페인도! 색소도 없다! 그래서 있다! 우리 몸에 대한 으리! 전통의 맛이 담긴 항아으리! 그래, 신토부으리~ 238 미으리! 놀랍지 않나? 비락 식혜 컵도 있지! 아메으리카노!"

역대 인터넷에서 많이 사용된 '으리' 패러디의 중요한 소재들을 가능한 한 모두 사용한 B급의 키치적 콘셉트로 만들어진 이 광고에 젊은 층들은 열광했다. 유튜브를 비롯한 다양한 소셜 미디어에 이 비디오 광고를 올린 후 10시간 만에 27만 명이, 3일 만에 150만 명이 봤다. 더 중요한 것은 이 광고 콘텐츠가 수많은 적극적인 재생산 계층에게 패러디되었다는 것이다. 수많은 소비자들이 다양한 버전의 패러디물을 만들어냈고, 이러한 패러디물은 끊임없이 확대 재생산되었다.

이러한 광고에 대한 폭발적인 반응은 제품의 판매에도 긍정적인 영향을 미쳤다. 광고 공개 전 약 400만 개였던 월 판매량이 광고 이후 540만 개로 껑충 뛰면서 전해 같은 기간보다 약 40% 이상 판매가 증가했다. 특히, 광고에 열광한 젊은 층들이 자주 찾는 편의점 매출은 2배 이상 증가했다. 실제 이 광고가 온라인에 공개된 시점에 대학교 내 매점에 비락 식혜가 품절되는 사태가 발생했다고 하니 젊은 층이 얼마나 이 광고에 열광했는지 알 수 있다.

05

왜 현빈보다 전현무를
광고 모델로 기용하는 것이 효과적일까

키치적 코드에 주목하라

키치적 코드?

적극적 재생산 계층에 의해 많이 패러디된 콘텐츠들은 어떠한 특징을 가지고 있을까? 많은 소비자들에게 패러디된 콘텐츠들을 분석해보면, 공통적이고 일관된 특징이 있다. 최근 성공적인 패러디 콘텐츠들을 살펴보면 키치kitsch 문화를 적극적으로 반영한 콘텐츠일수록 많이 패러디되는 경향을 보이고 있다.

키치는 경쾌하지만 통속적이고 때로는 유치하고 저속한 B급 이미지를 갖는 문화 코드로 정의할 수 있다. 이 용어는 19세기 후반 독일 남부 화랑업계에서 돈은 있지만 안목이 없는 중산층에게 값싼 예술품을 비싸게 속여서 판다는 뜻으로 사용된 데서 유래했다. 현대 사회에서 키치는 유치하고, 촌스럽고, 통속적이고, 심각하지 않고, 가볍고, 때로는 저속하다고 인식되는 콘텐츠들을 이용해 엄숙한 기성 예술을 조롱하고 야유하는 예술의 한 형식을 가리키는 용어로 주로 사용된다.

그렇다면 키치적인 속성을 가진 콘텐츠가 디지털 세상에서 많은 인기를 끌고 패러디되는 까닭은 무엇일까? 첫째, 키치 문화가 갖는 가볍고 유치한 속성은 인터넷 문화와 너무나도 닮아 있다. 디지털 세상의 주 소비층인 10~20대들의 취향은 기본적으로 키치와 유사하다. 그들은 심각하고, 규범적이고, 정형화된 것들을 싫어한다.

그들이 열광하는 것은 탈규범적이고, 비주류적이고, 그 자체로 즐겁고 끊임없이 변주될 수 있는 감각적인 것들이다. 인터넷을 통해 끊임없이 새로운 것들을 추구하지만, 심각하고 깊은 생각을 요구하는 것, 자신에게 무엇인가를 강요하는 듯해 보이는 것들을 싫어하는 디지털 세대에게 심각하지 않고, 가볍게 즐길 수 있고, 탈규범적인 키치적 속성을 가진 콘텐츠는 그들의 흥미를 가장 잘 이끌어낸다.

키치 문화는 보고 듣는 것만으로도 즐거움을 준다. '재밌다, 재밌지 않다'의 기준에 의해 선택받을 수도 외면받을 수도 있지만, '옳다, 그르다'는 규범적인 측면에서는 조금 더 자유로워진 게 키치 문화다. 그것은 있는 그대로의 즐거움을 가져다준다. 따라서 키치적인 속성을 잘 녹여낸 콘텐츠가 디지털 세상에서 큰 호응을 이끌어내고 동시에 적극적으로 패러디되는 것은 어찌 보면 당연한 수순이라 할 수 있다.

키치 문화가 주류에 들어온 상징적인 사건이 바로 앤디 워홀의 '팝아트'의 유행이다. 메릴린 먼로와 마오쩌둥, 체 게바라, 마이클 잭슨 같은 유명인 얼굴과 캠벨 수프 깡통 이미지를 공장에서 찍어낸 듯 보이는 작품들은 고상하고 있어 보이는 것만 인정받는 듯한 미술 시장에서 새로운 흐름을 만들어냈다.

앤디 워홀이 만들어낸 단순한 작품들이 전 세계 사람들에게 관심을 받고 인기를 끌자 대중에게 높은 성벽을 쌓아두었던 미술이라는 성은 고상함을 벗고 대중에게 좀 더 가깝게 다가가게 된다. 앤디 워홀은 기성 미술 소재나 표현 방식에서 벗어나 대중들에게 그 자체만으로 즐거움을 줄 수 있는 키치적 요소를 예술로 승화시켰다고 볼 수 있다.

둘째, 키치적인 속성을 가진 콘텐츠는 패러디하기에 부담이 없다. 세련되고 화려한 것들은 상대적으로 일반 대중이 패러디하기 버겁다. 사실 잘생긴 원빈이나 현빈이 나오는 세련된 광고는 패러디하기도 힘들고, 패러디하고 싶은 생각도 들지 않는다. 촌스럽고 유치하고 '싼티' 나는 것, B급 감성이 묻어나는 콘텐츠는 상대적으로 누구나 큰 노력 없이 편하게 패러디할 수 있다.

싸이의 〈강남 스타일〉 뮤지비디오는 엘리베이터, 지하철 역등 누구나 쉽게 접근할 수 있는 장소를 배경으로 우스꽝스러운 퍼포먼스와 따라 하기 쉬운 코믹한 춤을 보여준다. 이러한 모습은 전형적인 유명 가수들의 뮤직비디오처럼 세련되거나 화려하지 않고 오히려 촌스럽고 유치해 보인다. 바로 이러한 키치적인 코드를 가진 점이 수많은 사람들이 싸이의 〈강남 스타일〉을 자신의 스타일로 재창조해 패러디하게 만든 주요한 원인이라고 할 수 있다.

또한 얼마 전 가장 많이 패러디된 가수 이애란의 〈백세인생〉 가사도 마찬가지다. 〈백세인생〉의 "못 간다고 전해라" 역시 각종 커뮤니티에 '짤방(짤림방지사진, 인터넷에서 끊임없이 패러디되어 도는 각종 이미지 파일에 대한 통칭)'으로 올라오기 시작하더니 최근에는 카카오톡 이모티콘으로 만들어지기까지 했다. 〈백세인생〉 노래 가사는 사실 큰 의미 없이 반복된다.

"육십 세에 저세상에서 날 데리러 오거든 아직은 젊어서 못 간다고 전해라. 칠십 세에 저세상에서 날 데리러 오거든 할 일이 아직 남아 못 간다고 전해라…." 세련된 것과는 다소 거리가 있는 노래 가사와 단순하게 반복되는 "못 간다고 전해라" 구절 그리고 다소 촌스러워 보이는 가수의 노래하는 모습은 전체적으로 B급 감성이 가득한 키치적 콘텐츠로 보인다. 따라서 큰 부담 없이 사람들이 패러디하기 좋은 소재로 사용되었다. 키치적인 것은 더욱더 촌스럽고 유치하게 패러디해도 부담이 없다. 그래서 키치적인 속성을 가진 콘텐츠를 사용하는 것이 패러디 마케팅에서는 유리하다.

셋째, 키치 문화 자체가 오리지널 콘텐츠에 대한 패러디로 성장했다. 키치 문화는 콘텐츠를 직접 생산해내기도 하지만, 엄숙한 기성 예술을 조롱하고 야유하기 위해 오리지널 콘텐츠를 의도적으로 촌스럽고 유치하게 패러디하는 경우가 많았다. 키치 문화 코드의 콘텐츠는 본질적으로 가장 패러디하기 좋은 특성을 지녔다고 할 수 있다.

왜 현빈보다는 전현무를 광고 모델로 기용하는 것이 효과적일까?

2015년 제일모직은 자사 브랜드 로가디스의 '스마트 슈트'를 인터넷 광고를 통해 홍보하기로 결정한다. 인터넷 광고 모델로 전현무를 선택한다. 이른 새벽 전현무는 밤새 여자 친구와 시간을 보내고 늦게 귀가한다. 양복을 벗고 신발을 벗으려는 찰나, 마침 일어나 있는 엄마가 그 장면을 목격한다. 하지만 엄마

는 이제야 들어온다는 사실을 모르고 "벌써부터 출근하니?"라
고 물어본다. 민망한 전현무는 "네" 하고 들어온 복장 그대로 출
근한다. 하지만 양복은 구김이 가지 않아서 괜찮다는 내용의
바이럴 비디오다.

이 인터넷 동영상 광고는 실제 일어날 수 있을 법한 재미있
는 상황에 '구김 없는 양복'이라는 제품에 대한 편익을 강조해
기존의 슈트 광고와 전혀 다른 B급 광고 형태로 만들었다. 세련
되고 멋있는 모습을 보여주기보다는 웃기는 데 그 방점을 찍었
다. 그리고 대중들에게 친숙한 이미지를 주는 전현무 아나운서
를 영상에 등장시켰다.

사실 로가디스는 비슷한 내용으로 두 가지 버전의 광고 영상을 같은 시기에 만들어 인터넷에 선보였다. 한 버전이 전현무가 등장하는 것이고, 다른 한 버전은 인기 배우 현빈이 등장하는 바이럴 비디오였다. 현빈의 광고는 전형적인 슈트 광고처럼 만들어졌다. 현빈의 세련된 양복 입은 모습이 화면에 가득 잡혔고 마지막에 제품의 특징과 관련된 메시지가 나왔다.

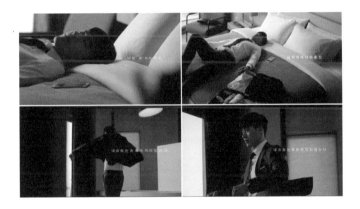

물론 일반적으로 전현무에 비해 현빈이 더 유명하다고 할 수 있다. 따라서 제일모직은 현빈을 기용해서 만든 광고가 더 주목을 받을 것이라고 예상했다. 하지만 회사의 예상과 정반대의 결과가 나왔다.

현빈이 등장한 동영상은 1개월 동안 20만 뷰를 기록한 반면 전현무가 등장한 후속 광고 동영상은 굉장히 짧은 시간 만에

40만 뷰를 넘었다. 전현무의 동영상은 인터넷에 내보내지고 불과 5일 만에 10만 뷰를 달성했고, 수많은 SNS 플랫폼에서 이용자들은 많은 패러디 형태의 UGC를 만들었다. 이처럼 온라인에서는 잘생기고 멋진 배우보다는 재미있고 친근한 배우가 소비자들에게 더 어필할 수 있다.

현빈이 슈트가 훨씬 잘 어울리는 광고 모델일 수 있다. 하지만 인터넷 세상에서 이용자들은 다소 현실감이 떨어지는 현빈보다는 자신들과 비슷한 체형의 전현무가 나온 광고에 더 열광했다. 기업이 자사의 광고가 많은 UGC를 만들어내고 패러디되길 원한다면 무조건 유명한 배우를 기용하기보다는 대중에게 친근하고 일반인에 가까운 배우를 선택하는 것이 좋을 수 있다.

친숙한 배우가 등장한 동영상이 더 광고 같지 않은 느낌을 줄 수 있고, 대중은 친숙하게 다가오는 배우에 대해 이야기하는 것을 더 좋아한다. 현빈은 일반적인 직장 남성들이 보기에 현실감이 떨어지는 사람인 반면, 주요 타깃인 직장인들이 보기엔 비슷한 체형을 가지고 있고 다소 방정맞은 모습을 자주 보이는 전현무는 현실감이 느껴지는 인물이다.

기업들은 마케팅 활동을 할 때 판매하고자 하는 제품에 키치적인 속성을 잘 녹여내는 광고를 만드는 것을 고려해봐야 한다. 광고 콘텐츠에 키치적인 속성을 녹여내거나 키치적 정서, B

급 정서를 잘 전달할 수 있는 광고 모델을 기용하는 것이 좋다. 너무 세련된 느낌을 가져 대중과 거리감이 있는 유명인은 적극적 재생산 계층에 의해 패러디를 노리는 전략적 측면에서는 좋은 선택이 아닐 수 있다.

지금 인터넷에서 적극적으로 패러디되는 바이럴 비디오들을 살펴보면 등장하는 유명인들의 공통점이 존재한다. 〈강남스타일〉의 싸이, 비락 식혜의 김보성, 배달의민족의 류승룡, 그리고 로가디스 '스마트 슈트'의 전현무 등이 B급 정서의 이미지를 가진 유명인들이다.

싸이는 곱상한 미남 가수들 사이에서 촌스러워 보이기까지 하는 헤어스타일과 복장에, 선정적인 춤사위, "완전히 새 됐어"라는 은어가 난무하는 노래를 부르는 키치적인 속성을 대표하는 가수라고 평가받는다. 전현무 역시 세련되고 똑 부러지는 기존의 아나운서들의 전형적인 모습에서 벗어나 가벼워 보이는 언행과 통속적인 취향을 가진 아나운서로 대중들에게 각인된 대표적인 인물이다. 따라서 기업들이 키치적 속성이 담긴 광고 영상을 만들 때에는 제품 카테고리에서 가장 비전형적이고 거리감이 느껴지지만 일반인들에게는 친숙한 이미지를 가진 유명인을 광고 모델로 기용해보는 것도 하나의 해답이 될 수 있다.

여자 화장품 모델로 서장훈을 기용한 이유가 뭘까?

화장품 회사 더페이스샵은 신제품 '블란클라우딩 하얀 수분 크림'을 출시하면서, 광고 모델로 농구 스타 서장훈을 발탁해 화제를 모았다. 2m 이상의 장신에 상대적으로 큰 몸집과 얼굴을 가진 서장훈은 화장품 모델과는 가장 거리가 먼 인물이다.

그렇다면 왜 더페이스샵은 화장품 모델과 가장 거리가 있어 보이는 서장훈을 기용했을까?

더페이스샵은 서장훈을 기용하면서 동시에 동일한 화장품 모델로 인기 걸그룹 멤버인 수지 역시 기용한다. 그리고 동일한 콘셉트로 '수지 버전'과 '서장훈 버전'을 각기 제작한다. 즉, 서장훈 버전은 '수지 버전'의 하나의 패러디물 버전이라고 할 수 있다.

신제품 광고는 우선 수지에 초점을 맞춰서 만들어졌다. 구름처럼 순백의 느낌을 콘셉트로 삼아 풍선에 매달려 구름까지 날아가는 모습과 귀엽게 창 안을 살펴보는 모습, 구름 사이로 사뿐사뿐 걸어가는 모습, 이 모든 것이 '수지스럽게' 구성되었다. 이 모든 것을 큰 덩치와 키를 가진 서장훈이 그대로 재현하는 것이 바로 '서장훈 버전'의 광고다. 더페이스샵은 '수지'가 등장하는 화장품 광고는 사람들의 이목을 끌고 많

은 사람들이 보게 할 수는 있지만, 인터넷 세상에서 이슈화되거나 다양한 형태의 UGC를 만들어내기는 힘들 거라고 봤다. 예쁘고 사랑스러운 모델을 기용한 특별할 것 없는 화장품 광고이기 때문이다.

그렇다면 어떻게 많은 SNS 이용자들이 수지가 나온 신제품 광고에 대해 이야기하고 그들만의 UGC를 만들어내게 할 수 있을까? 기업이 먼저 나서서 패러디물을 만들어보는 건 어떨까? 그게 바로 서장훈 버전의 광고물이 탄생한 기획 아이디어의 시작일지도 모른다. 기업이 먼저 패러디물을 만든 뒤 그 패러디물을 이슈화함으로써 수지가 등장하는 광고를 인터넷 세상에서 더 부각시키는 전략을 세운 것으로 볼 수 있다.

결과는 대성공이었다. 예상했던 것처럼 서장훈 버전의 동영상은 더페이스샵의 홈페이지와 페이스북에 공개하자마자 30만 회 이상이 재생되었고, 수많은 SNS 이용자들이 다양한 형태의 UGC를 만들어냈다. 당연히, 서장훈 버전을 통해 다시 한 번더 수지 버전의 광고가 재조명을 받았다.

더페이스샵의 이러한 시도는 이미 2014년도에 성공을 거둔바 있다. 더페이스샵은 수지가 나오는 광고로 같은 이름을 가진 개그우먼 이수지 버전으로 만들어서 큰 성공을 거두었다. 이 영상은 CF 촬영 현장을 보여주면서 시작한다. "수지 씨 촬영 들어갈게요"란 멘트와 함께 시청자의 예상과는 달리 개그우먼 이수지가 등장한다.

그녀는 특유의 웃음소리와 함께 KBS 개그콘서트 '황해' 코너에서 큰 인기를 끌었던 유행어인 "많이 놀라셨죠?"라는 말을 건넨다. 이 광고는 '반전 수지 영상'이란 제목으로 더페이스샵의 아이돌 수지가 나오는 수분 크림 CF 장면을 그대로 패러디한 것이다.

이 반전 수지 영상의 반응 역시 뜨거웠다. 인터넷에 공개 하루 만에 17만 이상의 조회 수를 기록했고, 각종 유머 사이트와 커뮤니티에서 급속히 UGC가 만들어졌다. 실제 수분 크림은 광고가 만들어진 시기에 더페이스샵 제품 중 가장 많이 팔렸고 누적 판매 수량이 100만 개를 돌파했다.

제2의 구글이
한국에서 만들어지길 기대하며

세계적인 온라인 신발 의류 유통 기업인 자포스^{Zappos}의 토니 셰이^{Tony Hsieh} CEO는 2015년 3월 24일 전 직원들에게 한 통의 이메일을 보낸다.

"4월 30일까지 보스 없는 회사를 만들 예정입니다. 이러한 결정을 받아들일 수 없다면 회사를 떠나주세요. 전통적인 계층적 피라미드^{conventional corporate hierarchy}를 없애겠습니다. 회사 내에서 관리자^{Manager}라고 불리는 사람들이 없어질 것입니다."

최고 경영자의 이러한 결정에 부장과 임원들은 안절부절못했고 젊은 직원들은 환호했다. 그렇다면 토니 셰이의 '보스 없는 회사를 만들겠다^{no bosses approach}'는 혁신적인 결정의 배경은 뭘까? 토니 셰이가 직원들에게 보낸 이메일에서 그 배경을 읽어낼 수 있다.

"지금 세대는 인터넷이라는 파격적인 세상을 어렸을 때부터 경험하면서 자랐습니다. 그들이 직장에서 자기 의견을 자연스럽게 낼 수 있는 시스템이 아닌 계층적 피라미드 시스템을 참아내고 일을 하고 싶겠습니까?"

직원들에게 '복종'을 원한다면 '계층적인 조직'을 유지하는 것이 가장 좋다. 계층적인 조직를 가진 회사에서는 일반 사원은 대리에게, 대리는 과장과 팀장에게 그리고 과장과 팀장은 부장과 임원에게 복종한다. 이러한 계층적인 조직은 과거 세대에게는 익숙하고 효율적인 시스템으로 여겨질지 모르지만 디지털 문화에 영향을 받으면서 자라온 젊은 세대들에게는 맞지 않다. 디지털 세상에서 자라온 세대들은 자신들에게 '높은 지위'를 내세워 복종을 강요하는 억압적인 조직을 견뎌내지 못하고, 그러한 시스템 속에서 창의적인 일들을 해내지 못한다.

수평적인 시스템이 기업의 운영에 미치는 영향은 의견이 분분한 주제지만, 전통적인 계층적 시스템을 버리고 '보스 없는 수평적인 시스템Holacracy(조직의 위계질서를 없애고 모든 구성원이 동등한 위치에서 업무를 수행하는 제도)'을 만들어가는 기업들이 늘어가는 것은 자연스러운 시대적 흐름이 될 것이다. 신발만

팔아서 1조 원의 매출액을 달성한 기업인 자포스는 디지털 세상의 흐름을 잘 읽어내서 비즈니스를 성공적으로 이끈 기업들 중 하나다. 자포스의 '보스 없는 회사 만들기'와 같은 혁신적인 실험은 디지털 시대의 문화적 흐름을 비즈니스에 성공적으로 녹여내려는 자포스의 여러 가지 노력 중 하나로 봐야 한다. 자포스뿐 아니라 구글과 페이스북과 같은 세계적인 기업들 역시 전통적인 계층적 시스템을 버리고 수평적인 조직을 만들어 운영하려는 시도를 계속 하고 있다.

자포스의 사례는 여러 가지 측면에서 앞서 이 책에서 이야기한 것과 동일한 메시지를 담고 있다. 그 메시지는 디지털 문화에 영향을 받으면서 자라온 세대들에게 억지로 시켜서는 창조적 결과물을 내놓게 할 수 없다는 것이다. 그들의 문화를 있는 그대로 이해하고, 그들 스스로 움직이게 해서 자발적으로 가치 있는 것을 창조하도록 하는 것이 중요하다. 디지털 세상에서 소비자들을 다루는 방식 역시 동일하다.

디지털 시대의 기업이 성공하기 위해서는 디지털 세대의 문화를 적극적으로 읽어내고, 그 것들을 기업에게 유리한 방향으로 흡수하는 것이 중요하다. 내부의 조직 문화를 개선하는 과정에서도, 소비자들을 기업의 우군들로 만드는 과정에서도 같은 원리가 적용될 수 있다. 이 책에서는 구글을 필두로 누구보다 적극적으로 디지털 문화를 연구하는 기업들의 비즈니스 모델을 분석해 4가지 중요한 디지털 시대 마케팅 전략인 넛지 전략, 진정성 전략, 공동창조 전략, UGC 전략을 소개했다.

나는 〈프롤로그〉에서 밝힌 대로 한국에서 제2의 구글이 나타나기를 원하는 마음으로 책을 썼다. 이 책을 읽는 독자들 가운데 제2의 구글을 세우는 성공적인 기업가가 나타날 수 있길 진심으로 바란다.